Minutos
DE ESTUDIO BÍBLICO

PROGRAMA DE
ESTUDIO
EN 6 SEMANAS

JESÚS:

_____

EXPERIMENTANDO

_____

SU TOQUE

_____

**MINISTERIOS
PRECEPTO
INTERNACIONAL**

KAY ARTHUR &
DAVID ARTHUR

Jesus: Experiencing His Touch
Publicado en inglés por WaterBrook Press
12265 Oracle Boulevard, Suite 200
Colorado Springs, Colorado 80921
Una división de Random House Inc.

Todas las citas bíblicas han sido tomadas de la Nueva Biblia Latinoamericana de Hoy;
© Copyright 2005
Por la Fundación Lockman.
Usadas con permiso (www.lockman.org).

ISBN 978-1-62119-582-5

2016 – Edición Estados Unidos

CÓMO USAR ESTE ESTUDIO

Este estudio bíblico ha sido diseñado para grupos pequeños que están interesados en conocer la Biblia, pero que disponen de poco tiempo para reunirse. Por ejemplo, es ideal para grupos que se reúnen a la hora de almuerzo en el trabajo, para estudios bíblicos de hombres, para grupos de estudio de damas, para clases pequeñas de Escuela Dominical o incluso para devocionales familiares. También, es ideal para grupos que se reúnen durante períodos más largos – como por las noches o los sábados por la mañana – pero que sólo quieren dedicar una parte de su tiempo al estudio bíblico, reservando el resto del tiempo para la oración, comunión y otras actividades.

Este libro está diseñado de tal forma que el grupo tendrá que realizar la tarea de cada lección al mismo tiempo que se realiza el estudio. El discutir las observaciones a partir de lo que Dios dice acerca del tema revela verdades emocionantes e impactantes.

Aunque es un estudio grupal, se necesitará un facilitador para dirigir al grupo – alguien que permita que la discusión se mantenga activa. La función de esta persona no es la de conferencista o maestro. No obstante, cuando este libro se usa en una clase de Escuela Dominical o en una reunión similar, el maestro debe sentirse en libertad de dirigir el estudio de forma más abierta, dando otras observaciones además de las que se encuentran en la lección semanal.

Si eres el facilitador del grupo, el líder, a continuación encontrarás algunas recomendaciones para hacer más fácil tu trabajo:

- Antes de dirigir al grupo, revisa toda la lección y marca el texto. Esto te familiarizará con el contenido y te capacitará para ayudar al grupo con mayor facilidad. Te será más cómodo dirigir al grupo siguiendo las instrucciones de cómo marcar, si tú como líder escoges un color específico para cada símbolo que marques.

- Al dirigir el grupo, comienza por el inicio del texto y lee en voz alta siguiendo el orden que aparece en la lección, incluyendo los "cuadros de aclaración" que pueden aparecer. Trabajen la lección juntos, observando y discutiendo lo que aprenden. Al leer los versículos bíblicos, haz que el grupo diga en voz alta la palabra que se está marcando en el texto.

- Las preguntas de discusión sirven para ayudarte a cubrir toda la lección. A medida que la clase participe en la discusión, muchas veces te darás cuenta de que ellos responderán a las preguntas por sí mismos. Ten presente que las preguntas de discusión son para guiar al grupo en el tema, no para suprimir la discusión.

- Recuerda lo importante que es para la gente el expresar sus respuestas y descubrimientos. Esto fortalece grandemente su entendimiento personal de la lección semanal. Asegúrate de que todos tengan oportunidad de contribuir en la discusión semanal.

- Mantén la discusión activa. Esto puede significar el pasar más tiempo en algunas partes del estudio que en otras. De ser necesario, siéntete en libertad de desarrollar una lección en más de una sesión. Sin embargo, recuerda que no debes ir a un ritmo muy lento. Es mejor que cada uno sienta que contribuye a la discusión semanal, "que deseen más", a que se retiren por falta de interés.

- Si las respuestas del grupo no te parecen adecuadas, puedes recordarles cortésmente, que deben mantenerse enfocados en la verdad de las Escrituras. La meta es aprender lo que la Biblia dice, no adaptarse a filosofías humanas. Sujétate únicamente a las Escrituras y permite que Dios te hable. ¡Su Palabra es verdad (Juan 17:17)!

JESÚS: EXPERIMENTANDO SU TOQUE

La gente sostiene todo tipo de opiniones acerca de Jesucristo—Sus creencias, Sus enseñanzas, Su manera de vivir. Además tienen comentarios sobre cómo Él murió y si realmente se levantó o no de entre los muertos. Pero cuando pones las opiniones a un lado, ¿qué sabes por tu propia cuenta acerca de Jesús? ¿Qué significa Jesús para ti? ¿Te has encontrado con Él directamente?

La Biblia es distinta a cualquier otro libro jamás escrito. Nos ofrece sesenta y seis libros escritos por Dios mediante el hombre. Las palabras halladas en las Escrituras nos traen espíritu y vida porque provienen de Dios y son inspiradas por el Espíritu de Dios. Jesús mismo nos dijo en Mateo 4:4 que el hombre debe vivir de "toda palabra que sale de la boca de Dios". Esto significa que podemos encontrar a Cristo cada día al conectarnos con la Palabra de Dios—y que al hacerlo, nuestras vidas serán transformadas.

Durante las próximas seis semanas estaremos leyendo y discutiendo los primeros seis capítulos en el evangelio de Marcos, examinando lo que sucedió con aquellos que se encontraron directamente con Jesús. Vas a ver cómo vidas fueron transformadas por la presencia y el toque del Salvador. Y experimentarás por ti mismo la diferencia que existe al encontrarte con Jesús personalmente y experimentar Su toque en tu vida.

La vida no es fácil para nadie, pero cuando conoces a Jesús por ti mismo—cuando entiendes Su carácter, Sus proclamaciones, Su enseñanza, Su poder, Su autoridad y el significado de ser Su seguidor— ese conocimiento se convierte en un peldaño para vivir la vida con seguridad y confianza. Y esta certeza es fortalecida con cada decisión tomada para vivir de acuerdo a las verdades de la Palabra de Dios.

OBSERVA

Líder: Lee Marcos 1:1-3 en voz alta con el grupo. Luego lee el pasaje una segunda vez.

Lee despacio y pide al grupo que diga en voz alta las palabras clave al marcarlas como se indica a continuación:

- *Marque cada referencia a **Jesucristo** con una cruz: ✝. Marque de la misma manera cualquier sinónimo, como **Hijo de Dios** y **Señor**, así como cualquier pronombre, como **tú**, que se refieran a Jesucristo. Ya que van a marcar referencias de Jesús muy seguido, pueden usar un color en particular para marcar Sus referencias de modo que resalten en el texto.*

- *Dibuje una línea ondulada debajo de la palabra **mensajero**, como esta: ∿∿∿. Incluyan pronombres como **quien** y sinónimos como **voz**.*

Marcos 1:1-3

¹ Principio del evangelio de Jesucristo el Mesías, Hijo de Dios.

² Como está escrito en el profeta Isaías: "He aquí, Yo envío Mi mensajero delante de Ti, el cual preparará Tu camino.

³ Voz del que clama en el desierto: 'Preparen el camino del Señor, hagan derechas Sus sendas.'"

Al leer el texto, es útil que el grupo diga en voz alta las palabras clave al marcarlas. De esta manera todos estarán seguros que están marcando cada mención de la palabra, incluyendo cualquier palabra o frase sinónima. Haz esto a lo largo del estudio.

ACLARACIÓN

La palabra *evangelio* significa buenas noticias.

Cristo es la palabra griega para Mesías. El Mesías era el Ungido cuya venida estaba profetizada en el Antiguo Testamento.

DISCUTE

• Comenzando en el versículo 1 hacia el 3, busca cada lugar en el que marcaste una referencia a Jesucristo y anota lo que aprendiste sobre Él al marcar el texto.

• Ahora discute lo que aprendiste sobre el mensajero de la profecía de Isaías.

OBSERVA

Líder: Lee Marcos 1:4-8 en voz alta, lentamente. Pide al grupo que realice lo siguiente:

- *Dibuje una línea ondulada como agua debajo de todas las referencias a **Juan el Bautista**, incluyendo pronombres como **él*** 〰〰〰
- *Marque toda referencia a **bautismo** con una línea ondulada tanto encima como debajo de la palabra, como esta:* 〰〰〰
- *Marque cada referencia a la palabra **pecados** con una **S** grande.*
- *Marque toda referencia al **Espíritu de Dios** de esta manera:* ☁

DISCUTE

- Mira los lugares donde marcaste las referencias a Juan. ¿Qué te dice el texto sobre él? ¿Cómo era llamado, dónde estaba y qué estaba haciendo?

Marcos 1:4-8

4 Juan el Bautista apareció en el desierto predicando el bautismo de arrepentimiento para el perdón de pecados.

5 Acudía a él toda la región de Judea, y toda la gente de Jerusalén, y confesando sus pecados, eran bautizados por él en el río Jordán.

6 Juan estaba vestido de pelo de camello, tenía un cinto de cuero a la cintura, y comía langostas y miel silvestre.

7 Y predicaba, diciendo: "Tras mí viene Uno que es más poderoso que yo, a quien no soy digno de inclinarme y desatar la correa de Sus sandalias.

⁸ Yo los bauticé a ustedes con agua, pero Él los bautizará con el Espíritu Santo."

ACLARACIÓN

El verbo *bautizar* es la transliteración del verbo griego *baptizo*. En el griego koiné (común) era utilizado en referencia a teñir ropa y hacer encurtidos. La ropa toma el color del tinte y el pepino absorbe el sabor del agua salada. De este modo, el bautismo simboliza la unidad, la identificación con Cristo.

• ¿Qué clase de bautismo estaba predicando Juan en el versículo 4? ¿Con qué propósito?

• Describe la respuesta del pueblo hacia el mensaje de Juan.

ACLARACIÓN

Arrepentirse es cambiar de mente con respecto a algo, lo cual genera un cambio de creencia y/o un cambio de comportamiento.

• ¿De quién crees que hablaba Juan el Bautista en los versículos 7 y 8? Explica tu respuesta.

• Según el versículo 8, ¿qué haría esa persona?

OBSERVA

Líder: Lee Marcos 1:9-13 en voz alta. Pide al grupo que realice lo siguiente:

• *Marque todas las referencias a **Jesús**, incluyendo pronombres y sinónimos, con una cruz o con el color que ellos elijan.*

• *Subraye con doble línea cualquier cosa que indique en **dónde** sucede algo, por ejemplo, **Nazaret en Galilea**, **el Jordán** o **el desierto**.*

• *Coloque un visto como este* ✔ *sobre la palabra **inmediatamente y enseguida**.*

• *Marque las referencias al **Espíritu** de esta manera:* 〰️

• *Marque **Satanás** con un tridente, como este:* Ψ

Marcos 1:9-13

⁹ Sucedió que en aquellos días Jesús vino de Nazaret de Galilea, y fue bautizado por Juan en el Jordán.

¹⁰ Inmediatamente, al salir del agua, vio que los cielos se abrían, y que el Espíritu descendía sobre Él como una paloma;

¹¹ y vino una voz de los cielos, que decía: "Tú eres Mi Hijo amado, en Ti Me he complacido."

12 Enseguida el Espíritu Lo impulsó a ir al desierto.

13 Y estuvo en el desierto cuarenta días, siendo tentado por Satanás; y estaba entre las fieras, y los ángeles Le servían.

DISCUTE

• ¿Qué aprendiste al marcar las referencias sobre Jesús en los versículos 9-11? ¿Dónde estaba Él? ¿Qué sucedió?

• ¿Quién está hablando en el versículo 11 y qué aprendes de Él acerca de Jesús?

• ¿Qué ocurrió con Jesús en los versículos 12 y 13?

• ¿Qué aprendiste al marcar el *Espíritu*?

Marcos 1:14-20

14 Después que Juan había sido encarcelado, Jesús vino a Galilea predicando el evangelio de Dios.

15 "El tiempo se ha cumplido," decía, "y el reino de Dios se ha acercado; arrepiéntanse y crean en el evangelio."

OBSERVA

Líder: Lee Marcos 1:14-20 en voz alta. Pide al grupo que haga lo siguiente:

• *Dibuje una línea ondulada bajo cada referencia de* **Juan**.
• *Marque cada referencia a* **Jesús** *como lo hicieron previamente.*
• *Coloque un visto sobre la frase* **al instante**.
• *Marque* **seguir** *y* **siguieron** *de esta manera:* ➡

DISCUTE

• ¿Qué te dice Marcos sobre Juan el Bautista al inicio de este pasaje?

• Según los versículos 14-15, ¿a dónde fue Jesús, qué hizo y cuándo lo hizo?

• Mira los versículos 16-20. ¿Dónde estaba Jesús, con quién se puso en contacto y qué los llamó a hacer?

[16] Mientras caminaba junto al mar de Galilea, vio a Simón y a Andrés, hermano de Simón, echando una red en el mar, porque eran pescadores.

[17] Y Jesús les dijo: "Vengan conmigo, y Yo haré que ustedes sean pescadores de hombres."

[18] Dejando al instante las redes, ellos Lo siguieron.

[19] Yendo un poco más adelante, Jesús vio a Jacobo, el hijo de Zebedeo, y a su hermano Juan, los cuales estaban también en la barca, remendando las redes.

[20] Al instante los llamó; y ellos, dejando a su

padre Zebedeo en la barca con los jornaleros, se fueron con Jesús.

• ¿Cómo respondieron ellos?

• ¿Qué crees que quiso decir Jesús cuando dijo: "Yo haré que ustedes sean pescadores de hombres"?

Marcos 1:21-28

²¹ Entraron en Capernaúm; y enseguida, en el día de reposo, Jesús entró en la sinagoga y comenzó a enseñar.

²² Y se admiraban de Su enseñanza; porque les enseñaba como quien tiene autoridad, y no como los escribas.

OBSERVA

Líder: Lee Marcos 1:21-28 en voz alta y lentamente. Pide al grupo que realice lo siguiente:

• *Marque cada referencia a Jesús como lo hicieron previamente.*

• *Subraye con doble línea cualquier referencia a la* **ubicación de Jesús**.

• *Coloque un visto sobre la palabra* **inmediatamente** *y sinónimos como* **enseguida** *y* **al instante**.

• *Marque todas las referencias a los* **espíritus inmundos**, *incluyendo los pronombres, con un tridente, ya que son parte del equipo de Satanás*

DISCUTE

- ¿Dónde estaba Jesús en los versículos 21-22 y qué estaba haciendo?

- Mira el mapa a continuación para identificar la ubicación de la ciudad y la sinagoga mencionada en estos versículos.

Israel en el Tiempo de Cristo

[23] En ese momento estaba en la sinagoga de ellos un hombre con un espíritu inmundo, el cual comenzó a gritar:

[24] "¿Qué tienes que ver con nosotros, Jesús de Nazaret? ¿Has venido a destruirnos? Yo sé quien Tú eres: el Santo de Dios."

[25] Jesús lo reprendió, diciendo: "¡Cállate, y sal de él!"

[26] Entonces el espíritu inmundo, causándole convulsiones al hombre, gritó a gran voz y salió de él.

[27] Y todos se asombraron de tal manera que discutían entre sí, diciendo: "¿Qué es

esto? ¡Una enseñanza nueva con autoridad! Él manda aun a los espíritus inmundos y Le obedecen."

[28] Enseguida Su fama se extendió por todas partes, por toda la región alrededor de Galilea.

• ¿Cuál fue la respuesta de aquellos alrededor de Jesús?

• ¿Qué ocurrió luego y cómo manejó Jesús esta situación según los versículos 23-25?

• ¡Mira cuántos tridentes hay! Discute lo que aprendiste sobre este espíritu inmundo a lo largo de este pasaje.

ACLARACIÓN

Las *sinagogas* eran el lugar de reunión oficial para el pueblo judío en los tiempos del Nuevo Testamento. Estos se convirtieron en centros de aprendizaje y adoración en donde la gente se reunía a leer la Ley y los Profetas, orar y oír mensajes de aquellos invitados a hablar.

Las sinagogas aparecieron después que los Judíos fueron enviados al exilio por los Babilonios. Al estar separados de Jerusalén y del templo, los exiliados establecieron sinagogas como los medios para preservar su fe. Las sinagogas se establecieron primero fuera de la tierra de Israel y luego a lo largo de la tierra, una vez que el pueblo Judío regresó del exilio.

• ¿Cuál fue la reacción de aquellos que vieron a Jesús interactuar con el espíritu inmundo?

• Si tienes tiempo, discute lo que más te impresionó al observar estos primeros 28 versículos del primer capítulo de Marcos.

FINALIZANDO

Esta semana vimos tres veces la palabra *evangelio* en nuestro texto. El versículo 1 habla sobre el inicio del evangelio de Jesucristo. Los versículos 14 y 15 hablan de Jesús proclamando el evangelio de Dios.

El evangelio significa literalmente "las buenas noticias". Pero ¿qué buenas noticias? Con frecuencia pensamos del evangelio como el conjunto de hechos sobre la muerte, sepultura y resurrección de Jesús. Esta definición es acertada y establecida en algunos pasajes como 1 Corintios 15. Pero, ¿qué es el evangelio, las buenas noticias en Marcos 1? Jesús aún no había muerto en la cruz; de hecho, Él recién había comenzado Su ministerio.

El versículo 15 nos dice más sobre las buenas noticias que Jesús predicó: "El tiempo se ha cumplido y el reino de Dios se ha acercado".

Algo largamente esperado—algo extraordinario y poderoso— estaba a la mano: ¡el reino de Dios! Entonces ¿qué debemos hacer? ¿Cómo debemos responder?

Jesús dice en el versículo 15: "Arrepiéntanse y crean en el evangelio". ¿Qué significa arrepentirse y creer? Sin tomar el gozo de descubrir todo lo que está en nuestro camino en este estudio, comencemos con lo que sucedió después. Jesús dijo a los pescadores: "Vengan conmigo".

Al estudiar el evangelio de Marcos juntos, sigamos a Jesús intencionalmente. Concentremos nuestras mentes y corazones en lo que significa creer el evangelio, arrepentirse y seguir a Jesús, de acercarse y experimentar Su toque en nuestras vidas.

La semana pasada cubrimos los primeros 28 versículos de Marcos. ¿Notaste cuán concisamente el autor de este evangelio cubre su material? "Inmediatamente" no es solamente una palabra clave repetida; es una muestra del ritmo al cual Marcos cuenta la historia. ¡Con razón este es el evangelio más corto de todos!

Mateo, Lucas y Juan ofrecen los detalles y desarrollan las enseñanzas de Jesús. Sin embargo, Marcos escribió durante un tiempo de crisis bajo el reinado de Nerón, cuando los cristianos estaban siendo arrestados, torturados y matados. En este contexto, Marcos nos habla sobre las buenas nuevas, "el evangelio de Jesucristo, el Hijo de Dios" (1:1) y rápidamente se dirige a lo que debemos saber luego.

Antes de continuar, vamos a tomar un minuto para revisar lo que hemos cubierto y asegurarnos que entendemos completamente el contexto de las escenas que estamos por ver.

Hasta ahora hemos conocido a Juan el Bautista, aquel que fue profetizado por Isaías y quien prepararía el camino para Jesús y el perdón de pecados. El perdón de pecados son buenas noticias, la promesa para todos los que creen en Jesús.

Tras el bautizo de Jesús, el Espíritu descendió sobre Jesús y Dios habló desde el cielo, declarando que Él estaba complacido en Su Hijo. Luego Jesús se fue hacia el desierto para ser tentado por Satanás.

Juan fue tomado bajo custodia. Jesús, andando a la orilla del Mar de Galilea, llamó a unos pescadores para que Le sigan y se conviertan en pescadores de hombres. ¡Inmediatamente ellos fueron a pescar a una sinagoga! Cuando Jesús enseñaba, la gente se maravillaba de Su autoridad.

Cuando un espíritu inmundo se manifestó, Jesús le ordenó salir. Y sí salió, ¡sacudiendo al hombre con violencia! Al instante las noticias sobre la autoridad de Jesús sobre las fuerzas del maligno se esparcieron al distrito vecino de Galilea.

Marcos 1:29-34

²⁹ Inmediatamente después de haber salido de la sinagoga, fueron a casa de Simón y Andrés, con Jacobo y Juan.

³⁰ La suegra de Simón estaba en cama con fiebre, y enseguida hablaron a Jesús de ella.

³¹ Él se le acercó, y tomándola de la mano la levantó, y la fiebre la dejó; y ella les servía.

³² A la caída de la tarde, después de la puesta del sol, trajeron a Jesús todos los que estaban enfermos y los endemoniados.

³³ Toda la ciudad se había amontonado a la puerta.

OBSERVA

Vamos a continuar en donde nos quedamos, después que Jesús echó fuera un espíritu inmundo en la sinagoga en Capernaúm.

Líder: Lee Marcos 1:29-34 en voz alta. Pide al grupo que realice lo siguiente:

- *Marque toda referencia a **Jesús**, incluyendo pronombres, con una cruz o con el color que hayan elegido.*
- *Subraye con doble línea cualquier cosa que indique la **ubicación geográfica de Jesús**, cualquier referencia a una ciudad, un área o un distrito.*
- *Marque cada referencia a los **demonios** con un tridente: ꙟ*
- *Marque cada referencia a las **enfermedades** con un semicírculo hacia abajo, como este: ⌒*

DISCUTE

- ¿Qué ocurrió en los versículos 29-31 después que Jesús y Sus discípulos salieron de la sinagoga?

- ¿Qué aprendes en estos versículos sobre Simón (llamado Pedro más tarde) y su suegra?

• En el versículo 32, ¿qué ocurrió después de la puesta del sol?

• De lo que aprendiste la semana pasada, ¿por qué se había reunido la multitud en el versículo 33?

³⁴ Y sanó a muchos que estaban enfermos de diversas enfermedades, y expulsó muchos demonios; y no dejaba hablar a los demonios, porque ellos sabían quién era Él.

OBSERVA

Marcos 1:35-45

Líder: Lee Marcos 1:35-45 en voz alta. Pide al grupo que marque las siguientes palabras clave:

• *Marque cada referencia a **Jesús** como lo han hecho previamente.*
• *Encierre las referencias de tiempo*
• *Subraye con doble línea cada indicación de una **ubicación geográfica**.*
• *Dibuje un tridente sobre cualquier referencia a los **demonios**.*
• *Marque cada mención del **leproso** y la **lepra**, incluyendo sinónimos, así como marcaron enfermedad, de esta manera:*

³⁵ Levantándose muy de mañana, cuando todavía estaba oscuro, Jesús salió y fue a un lugar solitario, y allí oraba.

³⁶ Simón y sus compañeros salieron a buscar a Jesús.

³⁷ Lo encontraron y Le dijeron: "Todos Te buscan."

[38] Jesús les respondió: "Vamos a otro lugar, a los pueblos vecinos, para que Yo predique también allí, porque para eso he venido."

[39] Y fue por toda Galilea, predicando en sus sinagogas y expulsando demonios.

[40] Un leproso vino rogando a Jesús, y arrodillándose, Le dijo: "Si quieres, puedes limpiarme."

[41] Movido a compasión, extendiendo Jesús la mano, lo tocó y le dijo: "Quiero; sé limpio."

[42] Al instante la lepra lo dejó y quedó limpio.

[43] Entonces Jesús lo despidió enseguida

DISCUTE

- ¿Cómo inició Jesús Su día? ¡Consigue los detalles!

- ¿Qué podemos aprender de Su ejemplo?

- ¿Qué aprendes al marcar las referencias al leproso?

ACLARACIÓN

Según Levítico 13:3, la *lepra* era una enfermedad infecciosa de la piel con síntomas específicos—cabello emblanquecido y llagas "más profundas que la piel". Al tener contacto con otros, la infección podía contagiarse a otras personas o incluso a objetos inanimados como ropas y casas (Levítico 14:33-57).

Cuando el diagnóstico de un sacerdote era positivo, él declaraba "impura" a la víctima. Mientras tuviera la enfermedad, la víctima debía vivir solo, fuera del campamento (Levítico 13:46-47). La sanidad y restauración requería expiación por varias ofrendas (Levítico 14:10-20).

• ¿Cómo lidió Jesús con el leproso? ¿Por qué es esto importante? ¿Cómo se compara el trato de Jesús con el trato comúnmente dado a los leprosos en aquel tiempo?

• ¿Qué sugiere el ejemplo de Jesús sobre cómo nosotros, siendo Sus seguidores, deberíamos responder a los marginados, los vulnerables y rechazados de la sociedad?

amonestándole severamente:

⁴⁴ "Mira," le dijo, "no digas nada a nadie, sino ve, muéstrate al sacerdote y ofrece por tu limpieza lo que Moisés ordenó, para testimonio a ellos."

⁴⁵ Pero él, en cuanto salió comenzó a proclamarlo abiertamente y a divulgar el hecho, a tal punto que Jesús ya no podía entrar públicamente en ninguna ciudad, sino que se quedaba fuera en lugares despoblados; y venían a Él de todas partes.

Marcos 2:1-12

¹ Cuando Jesús entró de nuevo en Capernaúm varios días después, se oyó que estaba en casa.

² Y se reunieron muchos, tanto que ya no había lugar ni aun a la puerta; y Él les explicaba la palabra.

³ Entonces vinieron y Le trajeron un paralítico llevado entre cuatro hombres.

⁴ Como no pudieron acercarse a Jesús a causa de la multitud, levantaron el techo encima de donde Él estaba; y cuando habían hecho una abertura, bajaron la camilla en que estaba acostado el paralítico.

OBSERVA

Ahora que hemos marcado y estudiado Marcos 1 con cuidado, nuestra meta es avanzar a través de Marcos 2, evento por evento mientras, estamos atentos a cualquier tema recurrente.

Líder: Lee Marcos 2:1-12 en voz alta. Pide al grupo que marque:

- *Jesús, incluyendo pronombres y la frase Hijo del Hombre, como antes.*
- *Cada mención del paralítico así como marcaron enfermedad, con un semicírculo hacia abajo.*
- *Pecados con una P grande. Si perdón es mencionado en relación al pecado, entonces tachen la P.*
- *Cada referencia a los escribas, incluyendo los pronombres con una E grande. Posteriormente marcaremos fariseos de la misma manera, pues ambos grupos son asociados con frecuencia.*

ACLARACIÓN

Fariseo significa "separado". Este término era usado para describir a estos hombres porque ellos se separaban a sí mismos de la fuerte influencia de la clásica cultura griega del helenismo.

El helenismo surgió en el período intertestamentario (los años entre la escritura del Antiguo y Nuevo Testamento), un período en el que muchos judíos adoptaron costumbres griegas.

Durante los tiempos del Nuevo Testamento, la mayoría de los escribas eran fariseos cuya misión era enseñar la Ley de Dios. Los escribas eran escritores hábiles, frecuentemente entrenados en la Palabra de Dios y por tanto eran considerados expertos de la Ley e intérpretes de la misma.

DISCUTE

•¿Dónde estaba Jesús y qué estaba haciendo antes que el paralítico fuera bajado dentro del cuarto?

---

[5] Viendo Jesús la fe de ellos, dijo al paralítico: "Hijo, tus pecados te son perdonados."

[6] Pero estaban allí sentados algunos de los escribas, los cuales pensaban en sus corazones:

[7] "¿Por qué habla Este así? Está blasfemando; ¿quién puede perdonar pecados, sino sólo Dios?"

[8] Al instante Jesús, conociendo en Su espíritu que pensaban de esa manera dentro de sí mismos, les dijo: "¿Por qué piensan estas cosas en sus corazones?

[9] ¿Qué es más fácil, decir al paralítico: 'Tus pecados te son perdonados,' o decirle:

'Levántate, toma tu camilla y anda'?

• ¿Qué aprendes sobre el paralítico y la manera en que Jesús trató con él?

[10] Pues para que sepan que el Hijo del Hombre tiene autoridad en la tierra para perdonar pecados," dijo al paralítico:

• ¿Qué aprendes acerca de los escribas? ¿Cómo lidió Jesús con ellos?

[11] "A ti te digo: levántate, toma tu camilla y vete a tu casa."

• ¿Qué aprendiste al marcar las referencias al pecado en estas páginas?

[12] Y él se levantó, y tomando al instante la camilla, salió a la vista de todos, de manera que todos estaban asombrados, y glorificaban a Dios, diciendo: "Jamás hemos visto cosa semejante."

• ¿Cómo se refirió Jesús a Sí mismo en el versículo 10 y qué te dice esto de Él?

• Entonces, ¿a quién debemos acudir cuando pecamos?

ACLARACIÓN

El término *Hijo del Hombre* aparece en el Antiguo y Nuevo Testamento. En el Antiguo Testamento era utilizado para enfatizar la humanidad de una persona, como en el profeta Ezequiel. Sin embargo, en Daniel 7 el término es utilizado en relación al Mesías, quien recibe el reino entregado a Él por Dios mismo, el Anciano de Días.

En el Nuevo Testamento cada mención del *Hijo del Hombre* se atribuye a Jesús, excepto en cinco ocasiones.

Con respecto a Jesús, el título *Hijo del Hombre* enfatiza Su humanidad sin dejar a un lado Su deidad. Jesús era Dios en la carne.

Marcos 2:13-17

¹³ Jesús salió de nuevo a la orilla del mar, y toda la multitud venía a Él, y les enseñaba.

¹⁴ Al pasar, vio a Leví, hijo de Alfeo, sentado en la oficina de los tributos, y le dijo: "Sígueme." Y levantándose, Lo siguió.

¹⁵ Y sucedió que estando Jesús sentado a la mesa en casa de Leví, muchos recaudadores de impuestos y pecadores estaban comiendo con Jesús y Sus discípulos; porque había muchos de ellos que Lo seguían.

¹⁶ Cuando los escribas de los Fariseos vieron que Él comía con pecadores y recaudadores de

OBSERVA

Líder: Lee Marcos 2:13-17 en voz alta. Pide al grupo que realice lo siguiente:

- *Marque cada referencia a **Jesús** como antes.*
- *Marque **escribas** con una **E** grande.*
- *Dibuje una flecha debajo de **seguir** y **siguió** como esta:* ⟶
- *Marque **pecadores** con una **P** grande.*

ACLARACIÓN

Los recaudadores de impuestos eran miembros de una oficina política creada para cobrar impuestos en las provincias regidas bajo Roma. Ellos recolectaban frecuentemente una porción adicional para sí mismos. Obviamente no eran populares entre el pueblo.

DISCUTE

- ¿Qué estaba haciendo Jesús en este pasaje y con quién se encontró?

• Describe la interacción entre Jesús y Leví. ¿Dónde encontró Jesús a Leví y cómo respondió Leví a la invitación de Jesús?

impuestos, decían a Sus discípulos: "¿Por qué Él come y bebe con recaudadores de impuestos y pecadores?"

• ¿Qué aprendiste al marcar *pecadores*?

[17] Al oír esto, Jesús les dijo: "Los que están sanos no tienen necesidad de médico, sino los que están enfermos; no he venido a llamar a justos, sino a

• ¿Qué causó que los escribas cuestionaran las acciones de Jesús y cómo respondió Jesús?

pecadores."

• ¿Qué lección puedes aprender de las acciones de Jesús en este pasaje?

Marcos 2:18-22

¹⁸ Los discípulos de Juan y los Fariseos estaban ayunando; y vinieron y dijeron a Jesús: "¿Por qué ayunan los discípulos de Juan y los discípulos de los Fariseos, pero Tus discípulos no ayunan?"

¹⁹ Y Jesús les respondió: "¿Acaso pueden ayunar los acompañantes del novio mientras el novio está con ellos? Mientras tienen al novio con ellos, no pueden ayunar.

²⁰ Pero vendrán días cuando el novio les será quitado, y entonces ayunarán en aquel día.

²¹ Nadie pone un remiendo de tela nueva en un vestido viejo,

OBSERVA

Líder: Lee Marcos 2:18-22 en voz alta. Pide al grupo lo siguiente:

- *Marque **Jesús** y **novio** de la misma manera.*
- *Encierre **ayunar** y táchenla, de esta manera:* ⊘
- *Marque cada mención a los **fariseos** con una **E** grande.*
- *Dibuje una flecha debajo de **discípulos**, de esta manera:* ⟶

Líder: Debido a que este pasaje no es fácil de entender, léelo en voz alta de nuevo.

ACLARACIÓN

Ayunar es la acción de estar sin comida y en ocasiones sin agua. En tiempos bíblicos, ayunar era visto como un acto de piedad, una manera de acercarse a Dios. Jesús estaba ayunando cuando Él fue tentado por el diablo en el desierto. Hechos 9:9 describe un tiempo en el que Pablo pasó sin comida ni bebida. Los fariseos ayunaban dos veces a la semana como rutina.

Los *odres* estaban hechos de piel de cabra, la cual era suave y flexible y con la capacidad de expandirse para contener los gases producidos por la fermentación del vino. Los odres viejos no podían contener vino nuevo porque habían perdido su flexibilidad.

porque entonces el remiendo al encogerse tira de él, lo nuevo de lo viejo, y se produce una rotura peor.

[22] Y nadie echa vino nuevo en odres viejos, porque entonces el vino romperá el odre, y se pierden el vino y también los odres; sino que se echa vino nuevo en odres nuevos."

DISCUTE

- ¿Qué comportamiento es cuestionado en este pasaje? ¿Qué grupos de personas fueron contrastadas?

- ¿Cómo respondió Jesús a la controversia?

- ¿Qué analogía utilizó Jesús y qué revela esto sobre Jesús?

- ¿Qué dos ilustraciones utilizó Jesús en los versículos 21 y 22? ¿Cuál era Su punto?

Marcos 2:23-28

²³ Aconteció que un día de reposo Jesús pasaba por los sembrados, y Sus discípulos, mientras se abrían paso, comenzaron a arrancar espigas.

²⁴ Entonces los Fariseos Le decían: "Mira, ¿por qué hacen lo que no es lícito en el día de reposo?"

²⁵ Jesús les contestó: "¿Nunca han leído lo que David hizo cuando tuvo necesidad y sintió hambre, él y también sus compañeros;

²⁶ cómo entró en la casa de Dios en tiempos de Abiatar, el sumo sacerdote, y comió los panes consagrados

OBSERVA

Líder: Lee Marcos 2:23-28 en voz alta. Pide al grupo que marque...

- *Cada referencia a **Jesús**, incluyendo **Hijo del Hombre**, como antes.*
- *Cada mención del **día de reposo** con un **7** grande.*
- *Cada mención de **los discípulos** con una flecha.*
- ***Fariseos** con una **E** grande.*

ACLARACIÓN

La frase *día de reposo* viene del verbo hebreo *Shabbat*, que significa "detenerse". La observación del día de reposo marcaba el día en que Dios descansó después de haber creado el universo por seis días (Génesis 2:1-2). En Éxodo 20:8, 11, como uno de los diez mandamientos, Dios ordenó que Su pueblo se acuerde del día de reposo para santificarlo y les dijo que no trabajen en el séptimo día.

DISCUTE

• ¿Cuál es el tema discutido en estos versículos y quién lo planteó?

que no es lícito a nadie comer, sino a los sacerdotes, y dio también a los que estaban con él?"

• ¿Cómo respondió Jesús al asunto?

²⁷ Y Él continuó diciéndoles: "El día de reposo se hizo para el hombre, y no el hombre para el día de reposo.

²⁸ Por tanto, el Hijo del Hombre es Señor aun del día de reposo."

• ¿Cuál fue la conclusión de Jesús con respecto al día de reposo? ¿Cómo podría beneficiarnos esta perspectiva en el presente?

FINALIZANDO

La suegra de Simón Pedro y el leproso fueron sanados en sus encuentros con Jesús—con tan solo un toque de Él. ¡Y fue inmediato!

Tocar a un leproso en aquellos días no solo estaba prohibido, sino que era repugnante. Pero Jesús, demostrando Su amor en conjunto con Su poder y autoridad, tocó y sanó a los marginados. ¿Puedes imaginar cómo hubiera sido ser tocado por Jesús y ser librado? ¿Ser completamente sanado?

¿No sería eso asombroso?

Más aun, ¿notaste la escena en el texto que nos ofrece un vistazo de la fuente y propósito de la misión de Cristo? Antes que amaneciera, Jesús fue a hablar con Su Padre en privado. En el quinto capítulo del evangelio de Juan, leemos que Jesús mismo dijo que Él nunca actuaba independientemente del Padre. ¡Sus obras y palabras son las del Padre! Su misión es la misión de Dios. En Marcos 1:35-39 Él declaró que Él vino para predicar, para proclamar las buenas noticias de quién es Él.

Las sanidades y el echar fuera demonios que servían al mismo diablo simplemente demostraron que Jesús era el Hijo del Hombre, el Hijo de Dios—y a menos que la gente creyera esa realidad, ellos perecerían. Como Él dijo: "Para eso he venido" (Marcos 1:38). ¿Qué hay de ti? ¿Cuál es tu propósito? ¿Estás listo, si Él te lo pide, a dejarlo todo como los pescadores y el recaudador de impuestos y responder al llamado de Cristo para seguirlo?

Si es así, Él dirigirá tus pasos y Él tocará las vidas de otros a través de la tuya, mientras buscas hacer la voluntad de tu Padre que está en los cielos.

¿Alguna vez has tenido que lidiar con un grupo de personas celosas que te consideraban una competencia? ¿O quizás no le agradabas a un individuo o a un grupo por tus convicciones? ¿Un grupo cuyos valores o perspectivas sobre la vida eran tan diferentes que dejaban muy en claro a todos que tú no eras uno de ellos—y por esta razón ellos querían deshacerte de ti?

Si es así, no estás solo.

OBSERVA

Líder: Lee Marcos 3:1-6 en voz alta. Pide al grupo lo siguiente.

- *Marque las referencias a **Jesús** con una cruz o un color como antes.*
- *Marque cualquier referencia a los **Fariseos**, incluyendo pronombres, con una **E** grande.*
- *Marque cada mención del **día de reposo** con un **7** grande.*

DISCUTE

- ¿Qué estaba sucediendo en la sinagoga?

- ¿Qué hizo Jesús? ¿Cómo manejó esta situación?

Marcos 3:1-6

¹ Otra vez entró Jesús en una sinagoga; y había allí un hombre que tenía una mano seca.

² Y Lo observaban para ver si lo sanaba en el día de reposo, para poder acusar a Jesús.

³ Y Jesús le dijo al hombre que tenía la mano seca: "Levántate y ponte aquí en medio."

⁴ Entonces Jesús dijo a los otros: "¿Es lícito en

el día de reposo hacer bien o hacer mal, salvar una vida o matar?" Pero ellos guardaban silencio.

[5] Y mirando con enojo a los que Lo rodeaban, y entristecido por la dureza de sus corazones, le dijo al hombre: "Extiende tu mano." Y él la extendió, y su mano quedó sana.

[6] Pero cuando los Fariseos salieron, enseguida comenzaron a tramar con los Herodianos en contra de Jesús, para ver cómo Lo podrían destruir.

• ¿Cómo se sentía Jesús con respecto a los fariseos y por qué?

• ¿Qué observaciones te ofrece esto? ¿Está mal todo tipo de enojo?

ACLARACIÓN

Los herodianos eran un grupo de élite aristocrática del tipo Galileo que favorecía las políticas de Herodes Antipas, aliándose políticamente con el gobierno Romano. Herodes Antipas era el tetrarca de Galilea (Lucas 3:1).

• ¿Qué aprendiste sobre los Fariseos y los herodianos con respecto a Jesús?

OBSERVA

Líder: *Lee Marcos 3:7-12 en voz alta. Pide al grupo lo siguiente:*

- *Marque toda referencia a **Jesús**.*
- *Subraye con doble línea cualquier cosa que indique **lugares geográficos**.*
- *Dibuje una flecha debajo de cada referencia a **los discípulos**.*
- *Marque las referencias a los **espíritus inmundos** y **demonios** con un tridente.*

DISCUTE

- De acuerdo con los versículos 7-8 y el mapa en la siguiente página, ¿qué aprendes sobre Jesús y aquellos que vinieron a Él?

Marcos 3:7-12

7 Entonces Jesús se retiró al mar con Sus discípulos, y una gran multitud de Galilea Lo siguió. Y también de Judea,

8 de Jerusalén, de Idumea, del otro lado del Jordán, y de los alrededores de Tiro y Sidón, una gran multitud, que al oír todo lo que Jesús hacía, vino a Él.

9 Y dijo a Sus discípulos que tuvieran lista una barca para Él por causa de la multitud, para que no Lo oprimieran;

10 porque Él había sanado a muchos, de manera que todos los que tenían aflicciones,

para tocar a Jesús, se echaban sobre Él.

[11] Y siempre que los espíritus inmundos veían a Jesús, caían delante de Él y gritaban: "Tú eres el Hijo de Dios."

[12] Pero Él les advertía con insistencia que no revelaran Su identidad.

Israel en los Tiempos de Cristo

• ¿Qué quería hacer el pueblo y por qué? ¿Cuál era el propósito de la barca y qué te dice esto sobre cómo era la vida para Jesús?

• ¿Qué aprendes al marcar las referencias de los espíritus inmundos?

OBSERVA

Líder: Lee Marcos 3:13-19 en voz alta. Pide al grupo lo siguiente:

* *Marque cada referencia a **Jesús** como antes.*
* *Subraye con doble línea cualquier cosa que indique un <u>lugar geográfico</u>.*
* *Coloque un <u>12</u> grande sobre las referencias a **los doce discípulos**, incluyendo los pronombres.*

DISCUTE

* ¿Qué aprendes al marcar las referencias a los Doce, aparte de sus nombres?

* Haz una lista los nombres de los Doce y cualquier detalle que el texto te proporcione de cada uno de ellos.

1.
2.
3.
4.
5.
6.
7.
8.

Marcos 3:13-19

[13] Después Jesús subió al monte, llamó a los que Él quiso, y ellos vinieron a Él.

[14] Designó a doce, para que estuvieran con Él y para enviarlos a predicar,

[15] y para que tuvieran autoridad de expulsar demonios.

[16] Designó, pues, a los doce: Simón (a quien puso por nombre Pedro),

[17] Jacobo, hijo de Zebedeo, y Juan hermano de Jacobo (a quienes puso por nombre Boanerges, que significa: "Hijos del Trueno");

¹⁸ Andrés, Felipe, Bartolomé, Mateo, Tomás, Jacobo, hijo de Alfeo, Tadeo, Simón el Cananita;

¹⁹ y Judas Iscariote, el que también Lo entregó.

9.

10.

11.

12.

• ¿Qué te revela Marcos sobre Judas desde el principio? ¿Cómo podría ayudar esta información al lector?

Marcos 3:20-30

²⁰ Jesús llegó a una casa, y la multitud se juntó de nuevo, a tal punto que ellos ni siquiera podían comer.

²¹ Cuando Sus parientes oyeron esto, fueron para hacerse cargo de Él, porque decían: "Está fuera de sí."

OBSERVA

Veamos lo que ocurrió después que Jesús designara a los Doce para que estuvieran con Él.

Líder: Lee Marcos 3:20-30 en voz alta. Pide al grupo lo siguiente:

• *Marque toda referencia a **Jesús**.*

• *Marque **escribas** con una S grande.*

• *Coloque un tridente sobre todas las referencias a **Beelzebú**, los demonios y **Satanás**.*

• *Coloque una P grande sobre **pecado**.*

DISCUTE

- ¿Dónde estaba Jesús, quiénes estaban con Él y cuáles eran las circunstancias?

- ¿De dónde venían los escribas y qué acusaciones trajeron contra Jesús en el versículo 22?

[22] Y los escribas que habían descendido de Jerusalén decían: "Tiene a Beelzebú; y expulsa los demonios por medio del príncipe de los demonios."

[23] Llamándolos junto a Él, Jesús les hablaba en parábolas: "¿Cómo puede Satanás expulsar a Satanás?

[24] Si un reino está dividido contra sí mismo, ese reino no puede perdurar.

[25] Si una casa está dividida contra sí misma, esa casa no podrá permanecer.

[26] Y si Satanás se ha levantado contra sí mismo y está dividido, no puede permanecer,

sino que ha llegado su fin.

²⁷ Pero nadie puede entrar en la casa de un hombre fuerte y saquear sus bienes si primero no lo ata; entonces podrá saquear su casa.

²⁸ En verdad les digo que todos los pecados serán perdonados a los hijos de los hombres, y las blasfemias con que blasfemen,

²⁹ pero cualquiera que blasfeme contra el Espíritu Santo no tiene jamás perdón, sino que es culpable de pecado eterno."

³⁰ Porque decían: "Tiene un espíritu inmundo."

• ¿Cómo respondió Jesús a sus acusaciones? ¿Qué lógica presentó Él?

• ¿Qué aprendiste al marcar *pecado*?

• Considerando el contexto de los versículos 28-29, según lo que Jesús dijo en los versículos 29-30, nada más ni nada menos, ¿cómo explicarías la blasfemia contra el Espíritu Santo?

OBSERVA

Líder: Lee Marcos 3:31-35 en voz alta. Pide al grupo que realice lo siguiente:

• *Marque toda referencia a **Jesús**.*

• *Marque cualquier referencia a **los miembros de la familia**, incluyendo **madre**, **hermana** y **hermano**, con una **F** grande.*

DISCUTE

• Repasa lo que acabaste de observar. ¿Cuál era la situación? ¿Quién estaba presente?

• ¿Por qué crees que Marcos (bajo la dirección del Espíritu Santo) incluyó este suceso en su evangelio? ¿Qué aprendemos de la respuesta de Jesús?

• ¿Cuál es tu parentesco con Jesús? ¿Cómo lo sabes?

Marcos 3:31-35

[31] Entonces llegaron Su madre y Sus hermanos, y quedándose afuera, mandaron a llamar a Jesús.

[32] Y había una multitud sentada alrededor de Él, y Le dijeron: "Tu madre y Tus hermanos están afuera y Te buscan."

[33] "¿Quiénes son Mi madre y Mis hermanos?" les dijo Jesús.

[34] Y mirando a los que estaban sentados en círculo alrededor de Él, dijo: "Aquí están Mi madre y Mis hermanos.

[35] Porque cualquiera que hace la voluntad de Dios, ése es Mi hermano, y hermana y madre."

FINALIZANDO

Jesús escogió a Su equipo. Ellos no eran los correctos religiosamente— ¡no eran fariseos! Ellos no eran los políticamente correctos ni parte de la élite—no eran herodianos. Ellos no tenían residencia en la santa ciudad de Jerusalén. En lugar de eso, Él escogió a doce hombres galileos de profesiones de bajo nivel. Algunos eran hermanos, pescadores. ¡Dos de ellos eran conocidos por su reputación como los Hijos del Trueno! Otro, Leví, llamado también Mateo (Mateo 9:9; 10:3), era un recaudador de impuestos, despreciado por su propio pueblo. Y el doceavo era Judas, quien Jesús sabía que Lo traicionaría (Juan 6:64).

Doce discípulos, así como habían doce tribus de Israel. Antes llamado Jacob, Israel fue el segundo hijo de Isaac y aun así fue escogido por Dios por encima de su hermano Esaú para recibir la bendición y ser el padre de Su pueblo escogido. Es interesante, ¿no es cierto?, ver cómo Dios exalta con frecuencia al despreciado.

¿Cómo seleccionó y equipó Jesús a Su banda de hermanos? Él llamó a aquellos que Él quiso (Marcos 3:13) para que estén con Él, aquellos que Él podía enviar a predicar (3:14) e invadir la fortaleza del enemigo al darles autoridad para echar fuera demonios.

¡Los discípulos fueron doce individuos inesperados, escogidos para proclamar Su mensaje de salvación al mundo entero! ¿Estás sorprendido? ¿Te sientes animado al darte cuenta que Dios puede y usará a cualquiera que Él escoja para alcanzar Sus propósitos?

¿Y a quiénes escoge Él? Escucha las palabras de Dios inspiradas a través del apóstol Pablo en 1 Corintios: "Consideren, hermanos, su llamamiento. No hubo muchos sabios conforme a la carne (normas humanas), ni muchos poderosos, ni muchos nobles.

Sino que Dios ha escogido lo necio del mundo para avergonzar a los sabios; y...lo débil del mundo para avergonzar a lo que es fuerte. También Dios ha escogido lo vil y despreciado del mundo: lo que no es, para anular lo que es" (1:26-28).

Y como vimos, aquellos que están dispuestos a hacer la voluntad de Dios son aquellos que califican, aquellos que forman parte de la verdadera familia del Padre y Su Hijo, Jesús.

Por lo cual te dejamos con esta pregunta: ¿calificas tú para ser Su hermano, Su hermana, Su madre? ¿Has respondido a Su toque, respondido al llamamiento de Jesús para seguirle?

El ministerio de Jesús causó un revuelo. Los milagros y las enseñanzas eran nuevos, sin precedentes. ¡No era extraño que las multitudes se reunieran en todo lugar adonde Él fuera!

Ellos fueron testigos de lo que Jesús hizo, ¿pero realmente vieron? ¿Realmente percibieron lo que estaba sucediendo? Ellos oyeron lo que Jesús hablaba, ¿pero comprendieron el mensaje? Y si ellos captaron el mensaje, ¿lo creyeron?

¿Y qué hay de aquellos de nosotros que afirman ser seguidores de Jesús en la actualidad? ¿Realmente vemos y oímos y entendemos? Vamos a considerar el panorama de Jesús sobre el reino de Dios descrito en parábolas y veamos si podemos entender la verdad que Él quería que Sus discípulos supieran.

OBSERVA

Marcos 4:1-9

Líder: Lee Marcos 4:1-9 en voz alta. Pide al grupo que diga en voz alta las palabras clave y realice lo siguiente:

- *Marque cada referencia a **Jesús**, incluyendo pronombres, como antes.*
- *Subraye con doble línea cualquier referencia que indique un **lugar geográfico**. Observen cuidadosamente las referencias sobre dónde cae la semilla.*
- *Dibuje un óvalo alrededor de toda mención de la **semilla** incluyendo pronombres.*

¹ Comenzó Jesús a enseñar de nuevo junto al mar; y se llegó a Él una multitud tan grande que tuvo que subirse a una barca que estaba en el mar, y se sentó; y toda la multitud estaba en tierra a la orilla del mar.

² Les enseñaba muchas cosas en parábolas, y les decía en Su enseñanza:

³ "Escuchen: El sembrador salió a sembrar;

⁴ y al sembrar, una parte de la semilla cayó junto al camino, y vinieron las aves y se la comieron.

⁵ Otra parte cayó en un pedregal donde no tenía mucha tierra; y enseguida brotó por no tener profundidad de tierra.

⁶ Pero cuando salió el sol, se quemó, y por no tener raíz, se secó.

⁷ Otra parte cayó entre espinos, y los espinos crecieron y la ahogaron, y no dio fruto.

⁸ Y otras semillas cayeron en buena tierra, y creciendo y

DISCUTE

• De acuerdo con los primeros dos versículos de Marcos 4, ¿dónde estaba Jesús, qué estaba haciendo y con quién? Al responder estas preguntas tendremos el contexto de este evento.

• ¿Dónde cayó la semilla—en cuántos lugares distintos—y qué sucedió con la semilla en cada lugar donde cayó? Enumera los lugares al discutir sobre ellos.

• ¿Cuál era la exhortación de Jesús a aquellos presentes? ¿Qué aplicación puedes ver para nosotros al estudiar el evangelio de Marcos?

desarrollándose, dieron fruto, y produjeron unas a treinta, otras a sesenta y otras a ciento por uno."

⁹ Y añadió: "El que tiene oídos para oír, que oiga."

OBSERVA

Entonces ¿de qué se trataba la parábola? Continuemos leyendo.

Líder: Lee Marcos 4:10-20 lentamente y pide al grupo que realice lo siguiente:
• *Marque cada referencia a **Jesús**.*
• *Dibuje una flecha debajo de cada mención de **los seguidores** y **los doce discípulos** como un grupo, incluyendo pronombres como **ustedes**.*
• *Marque **parábola(s)** con un gran signo de interrogación, como este: **?***
• *Dibuje un óvalo alrededor de cada referencia a **la palabra** y **la semilla***

Marcos 4:10-20

¹⁰ Cuando Jesús se quedó solo, Sus seguidores junto con los doce Le preguntaban sobre las parábolas.

¹¹ "A ustedes les ha sido dado el misterio del reino de Dios," les decía, "pero los que están afuera reciben todo en parábolas;

¹² para que viendo, vean pero no perciban, y

oyendo, oigan pero no entiendan, no sea que se conviertan y sean perdonados."

DISCUTE

• ¿Qué aprendes al marcar *Jesús* y Sus *seguidores*?

¹³ También les dijo: "¿No entienden esta parábola? ¿Cómo, pues, comprenderán todas las otras parábolas?

¹⁴ El sembrador siembra la palabra.

¹⁵ Estos que están junto al camino donde se siembra la palabra, son aquellos que en cuanto la oyen, al instante viene Satanás y se lleva la palabra que se ha sembrado en ellos.

• ¿Qué aprendes sobre las parábolas?

¹⁶ Y de igual manera, éstos en que se sembró la semilla en pedregales son los que al oír la

ACLARACIÓN

Una *parábola* es una historia que aunque no suele atenerse a los hechos, es aplicable a la vida y enseña una verdad o lección moral. Cada detalle de una parábola reforzará el punto principal, sin embargo, no siempre deberías tratar de atribuirle un significado espiritual y una aplicación a cada detalle. Jesús usaba frecuentemente parábolas en Su enseñanza por dos razones: para revelar la verdad a los creyentes y para ocultarla de aquellos que la habían rechazado o endurecido sus corazones contra ella.*

palabra enseguida la reciben con gozo;

[17] pero no tienen raíz profunda en sí mismos, sino que sólo son temporales. Entonces, cuando viene la aflicción o la persecución por causa de la palabra, enseguida se apartan de ella.

[18] Otros son aquellos en los que se sembró la semilla entre los espinos; éstos son los que han oído la palabra,

[19] pero las preocupaciones del mundo, y el engaño de las riquezas, y los deseos de las demás cosas entran y ahogan la palabra, y se vuelve estéril.

---

* Adaptado de La Nueva Biblia de Estudio Inductivo, Ministerios Precepto Internacional (Bogotá, Colombia: Carvajal 2006).

[20] Y otros son aquellos en que se sembró la semilla en tierra buena; los cuales oyen la palabra, la aceptan y dan fruto, unos a treinta, otros a sesenta y otros a ciento por uno."

OBSERVA

Líder: Lee el mismo texto de nuevo. Esta vez pide al grupo que realice lo siguiente:

- *Subraye con doble línea **los lugares** donde la semilla, la palabra, es sembrada.*
- *Marque las referencias a **oír** con una oreja, como esta:* ʃ
- *Ponga un visto sobre la palabra **inmediatamente**, como este:* ✓
- *Marque **Satanás** con un tridente:* ψ

DISCUTE

- ¿Qué aprendes en el versículo 15 sobre el primer lugar donde la Palabra es sembrada? (Coloca un 1 en el versículo 15).

- ¿Cómo se visualizaría esto? Tal vez lo has visto en acción; si es así, descríbelo.

- Lee los versículos 16-17 y coloca un 2 a lado del versículo 16. ¿Qué aprendes sobre el segundo lugar donde la Palabra es sembrada?

• ¿Cuál es el problema en este segundo lugar? ¿Por qué se dan la persecución y las aflicciones—y qué sucede como resultado?

• ¿Alguna vez has visto este escenario en la vida real? Sin mencionar nombres, describe lo sucedido.

• Lee los versículos 18-19. Coloca un 3 a lado del versículo 18. Discute las tres cosas que ahogan la Palabra y cómo se vería cada una de ellas en la vida de una persona en el presente.

• ¿Describe esto una vida que da fruto o una vida sin fruto? Explica tu respuesta.

• ¿Qué puedes aprender de los versículos 18-19 que puedas aplicar a tu vida? ¿Encuentras una advertencia en este pasaje? ¿Una amonestación? Discute tu respuesta.

- Lee el versículo 20 y coloca un 4 sobre él. ¿Qué le sucede a la Palabra en este versículo? Examina los tres verbos. ¿Cómo se compara la respuesta aquí con las otras tierras?

- ¿Y qué la hace diferente al resto de las otras tierras? ¿Por qué es descrita como tal?

- En estos cuatro ejemplos dados por Jesús, ¿cuál es la variable—la semilla o la tierra—y qué te dice esto?

- Mira en donde marcaste *oír*. ¿Cuál de las tierras oye la Palabra y cuál da fruto? ¿Qué marca la diferencia en cada caso?

- ¿Qué explicación darías por la diferencia en la cantidad de fruto llevado en el cuarto escenario y qué te dice eso de ti personalmente?

- Entonces ¿cuál de las tierras dirías que representa una fe genuina y por qué?

- ¿Qué tierra te representa?

OBSERVA

Líder: Lee Marcos 4:21-34 en voz alta. Pide al grupo que realice lo siguiente:

• *Marque las referencias a **Jesús** como lo han estado haciendo.*

• *Coloque el símbolo de una oreja sobre las palabras **oír** y **escuchar**:*

• *Marque **la palabra** con un libro:* Ahora que hemos terminado la parábola del sembrador, usen un libro abierto como este para marcar las referencias a la **Palabra de Dios** y **las palabras de Jesús**.

Líder: Lee Marcos 4:21-34 de nuevo para que el grupo pueda absorber de mejor manera lo que están leyendo. Esta vez pide al grupo...

• *Dibuje un cuadro alrededor de la frase **el reino de Dios***

• *Marque la palabra **parábola(s)** con un gran signo de interrogación, como este: **?***

DISCUTE

• ¿Qué les dijo Jesús a Sus oyentes en los versículos 21-25 que nos pueda servir como exhortación o advertencia?

Marcos 4:21-34

²¹ También Jesús les decía: "¿Acaso se trae una lámpara para ponerla debajo de una vasija o debajo de la cama? ¿No es para ponerla en el candelero?

²² Porque nada hay oculto, si no es para que sea manifestado; ni nada ha estado en secreto, sino para que salga a la luz.

²³ Si alguno tiene oídos para oír, que oiga."

²⁴ Además les decía: "Cuídense de lo que oigan. Con la medida con que ustedes midan, se les medirá, y aun más se les dará.

²⁵ Porque al que tiene, se le dará más, pero al

que no tiene, aun lo que tiene se le quitará."

²⁶ Jesús decía también: "El reino de Dios es como un hombre que echa semilla en la tierra,

²⁷ y se acuesta de noche y se levanta de día, y la semilla brota y crece; cómo, él no lo sabe.

²⁸ La tierra produce fruto por sí misma; primero la hoja, luego la espiga, y después el grano maduro en la espiga.

²⁹ Y cuando el fruto lo permite, él enseguida mete la hoz, porque ha llegado el tiempo de la siega."

³⁰ También Jesús decía:"¿A qué compararemos el reino de Dios, o

• ¿Qué aprendiste sobre el reino de Dios en los versículos 26- 29?

• ¿Qué aprendiste al marcar *reino* en los versículos 30-32?

• ¿Qué nuevas observaciones obtuviste al marcar *parábola(s)* en este pasaje?

con qué parábola lo describiremos?

[31] Es como un grano de mostaza, el cual, cuando se siembra en la tierra, aunque es más pequeño que todas las semillas que hay en la tierra,

[32] sin embargo, después de sembrado, crece y llega a ser más grande que todas las hortalizas y echa grandes ramas, tanto que las aves del cielo pueden anidar bajo su sombra."

[33] Con muchas parábolas como éstas Jesús les hablaba la palabra, según podían oírla;

[34] y sin parábolas no les hablaba, pero lo explicaba todo en privado a Sus propios discípulos.

Marcos 4:35-41

35 Ese mismo día, caída ya la tarde, Jesús les dijo: "Pasemos al otro lado."

36 Despidiendo a la multitud, Lo llevaron con ellos en la barca, como estaba; y había otras barcas con Él.

37 Pero se levantó una violenta tempestad, y las olas se lanzaban sobre la barca de tal manera que ya la barca se llenaba de agua.

38 Jesús estaba en la popa, durmiendo sobre una almohadilla; entonces Lo despertaron y Le dijeron: "Maestro, ¿no Te importa que perezcamos?"

OBSERVA

Al llegar al cierre de nuestro estudio de este capítulo, el escenario está por cambiar y los discípulos están por alcanzar un nuevo entendimiento.

Líder: Lee Marcos 4:35-41 en voz alta. Pide al grupo que realice lo siguiente:
- *Marque cada referencia de **Jesús**.*
- *Marque los pronombres **ellos** y **les** con una flecha, como han estado marcando discípulos.*
- *Dibuje una línea ondulada debajo de cada referencia a **la naturaleza**, como **el viento**, **las olas** y **el mar**.*

DISCUTE
- Describe el contexto en los versículos 35-36. ¿Cuál es la situación, quién está ahí y adónde se dirigen?

- ¿Qué ocurrió luego?

• ¿Cuál fue la actitud de los discípulos hacia Jesús en el versículo 38 y por qué? ¿Notas algo incorrecto en su forma de pensar? Si es así, ¿qué es?

³⁹ Jesús se levantó, reprendió al viento y dijo al mar: "¡Cálmate, sosiégate!" Y el viento cesó, y sobrevino una gran calma.

• Ahora discute la secuencia de eventos en los versículos 38-40. No querrás perderte el orden de lo que sucede después que ellos cuestionaron el cuidado que Jesús tiene por ellos.

⁴⁰ Entonces les dijo: "¿Por qué están atemorizados? ¿Cómo no tienen fe?"

⁴¹ Y se llenaron de gran temor, y se decían unos a otros: "¿Quién, pues, es Éste que aun el viento y el mar Le obedecen?"

• ¿Qué piensas sobre las dos preguntas que Jesús hizo a los discípulos? ¿Qué revelan las preguntas y por qué es importante el momento en que sucedió?

- ¿Cómo se habría visto una fe genuina en esta situación?

- ¿De qué se percataron los discípulos y cómo les afectó, según el versículo 41?

- ¿Qué puedes aprender de este suceso que pueda ayudarte cuando te encuentres en temor?

- ¿Qué sugiere esta revelación del poder de Jesús sobre la naturaleza acerca de Su poder sobre las circunstancias de tu vida? ¿Cómo puede impactar esto tu perspectiva para cuando se acerquen las pruebas?

FINALIZANDO

"El que tiene oídos para oír, que oiga". Jesús hace esta declaración dos veces en nuestro texto. Es la señal de que se está diciendo algo muy importante, ¡así que escucha con cuidado! El mensaje de la parábola es aclarado: no todos recibirán la Palabra de Dios.

Algunos no tienen ningún interés en ella; la Palabra es sembrada, Satanás se la lleva y ellos ni siquiera saben que fue sembrada y robada. Otros la reciben con gozo y dicen que creen, pero ellos no ponen raíces en Su Palabra; como consecuencia, cuando vienen las pruebas y las aflicciones, ¡ellos no pueden manejar la persecución que sobreviene si pertenecemos a Dios! Ellos se echan para atrás.

Y luego están los que dicen que creen, quienes profesan ser seguidores de Jesucristo pero no tienen tiempo para Dios. En lugar de ser vencedores, son vencidos por las preocupaciones del mundo, el engaño de las riquezas y el deseo por las cosas por encima de Dios. La Palabra es ahogada en sus vidas diarias y no llevan fruto.

¿Cómo sabemos que realmente hemos oído? ¿Cuál es el indicador que muestra que tenemos oídos para oír?

¡El fruto que hay en nuestras vidas! Jesús lo dijo: la buena tierra oye la Palabra de Dios, la acepta y lleva fruto. Algunos llevan más fruto que otros—lo que explica el treinta, sesenta y ciento por uno— pero siempre hay una medida del fruto cuando la Palabra de Dios se arraiga en nuestras vidas.

Marcos solamente utilizó la palabra *fe* cinco veces en todo su evangelio. Nosotros la hallamos en el versículo 40 cuando Jesús preguntó a Sus discípulos: "¿Por qué están atemorizados? ¿Cómo no tienen fe?"

Los discípulos estaban en una barca con Aquel que no solamente creó la tierra sino que la sustenta por el poder de Su Palabra (Hebreos 1:1-2). Si ellos creían eso, no tenían razón para temer.

Tener fe es tener oídos para oír. Tener fe es tener confianza en Jesús para ser y hacer lo que Él dice.

Entonces ¿qué está sucediendo en tu vida, al hacer este estudio?

¿Estás aceptando...creyendo...*viviendo* la verdad que Dios ha escrito y preservado para ti en Su Palabra?

Cuando se avecinan las tormentas, solo recuerda que Jesús tiene cuidado de ti. No temas, aparta tus ojos de la tormenta y teme—confía—solamente a Él.

¡Y presta atención a la cosecha que vendrá de la buena tierra de tu corazón!

¿Alguna vez te has sentido completamente abandonado y solo? ¿Has sentido que nadie te ama...incluso incapaz de ser amado?

En el estudio de esta semana vamos a aprender más sobre cómo el Salvador se relacionó con individuos que estaban solos en sus circunstancias—y cómo Su toque y amor transformaron todo.

OBSERVA

Líder: Lee Marcos 5:1-13 en voz alta. Léelo lo suficientemente despacio para absorber la desesperanza reflejada en los primeros versículos. Pide al grupo que realice lo siguiente:

- *Subraye con doble línea cualquier referencia sobre la **ubicación** del evento.*
- *Marque cada referencia sobre **Jesús**, comenzando con la palabra **Él** en el versículo 2.*
- *Dibuje un cuadro alrededor del **hombre con el espíritu inmundo** y márquelo con un tridente hasta que el grupo sienta que ya no se deba marcar así.*
- *Marque todas las referencias a los **espíritus inmundos** y **demonios** con un tridente.*

Marcos 5:1-13

¹ Llegaron al otro lado del mar, a la tierra de los Gadarenos.

² Cuando Jesús salió de la barca, enseguida se acercó a Él, de entre los sepulcros, un hombre con un espíritu inmundo,

³ que tenía su morada entre los sepulcros; y nadie podía ya atarlo ni aun con cadenas;

⁴ porque muchas veces había sido atado con

grillos y cadenas, pero él había roto las cadenas y destrozado los grillos, y nadie era tan fuerte como para dominarlo.

⁵ Siempre, noche y día, andaba entre los sepulcros y en los montes dando gritos e hiriéndose con piedras.

⁶ Cuando vio a Jesús de lejos, corrió y se postró delante de Él;

⁷ y gritando a gran voz, dijo: "¿Qué tengo yo que ver contigo, Jesús, Hijo del Dios Altísimo? Te imploro por Dios que no me atormentes."

⁸ Porque Jesús le decía: "Sal del hombre, espíritu inmundo."

DISCUTE

• Describe la situación del hombre con un espíritu inmundo.

• ¿Te impactó esta historia? ¿Puedes imaginar estar en la condición de este hombre? Al pensar sobre su aislamiento, ¿cómo te hace sentir y por qué?

- Mira los lugares que marcaste con un tridente. ¿Qué aprendes sobre los espíritus inmundos y los demonios?

⁹ "¿Cómo te llamas?" le preguntó Jesús.

"Me llamo Legión," respondió, "porque somos muchos."

¹⁰ Le rogaba entonces con insistencia que no los enviara fuera de la tierra.

¹¹ Había allí una gran manada de cerdos paciendo junto al monte.

- ¿Qué sabían estos demonios sobre Jesús, según el versículo 7? ¿Qué te dice esto sobre ellos y su relación con Jesús?

¹² Y los demonios Le rogaron, diciendo: "Envíanos a los cerdos para que entremos en ellos."

¹³ Jesús les dio permiso. Y saliendo los espíritus inmundos, entraron en los cerdos; y la manada, unos 2,000, se precipitó por un despeñadero al mar, y en el mar se ahogaron.

• Al leer este suceso, ¿qué te proporciona observaciones sobre el poder y la autoridad de Jesús?

Marcos 5:14-20

OBSERVA

Líder: Lee Marcos 5:14-20 en voz alta. Pide al grupo que realice lo siguiente:
- *Marque toda referencia a **Jesús**.*
- *Dibuje un cuadro alrededor de cada mención del **hombre** y márquelo con un tridente. Cambie a marcarlo solo con un cuadro cuando el grupo decida que sea momento de hacerlo.*
- *Marque cada referencia a la **posesión demoníaca** con un tridente.*

¹⁴ Los que cuidaban los cerdos huyeron y lo contaron en la ciudad y por los campos. Y la gente vino a ver qué era lo que había sucedido.

¹⁵ Vinieron a Jesús, y vieron al que había estado endemoniado, sentado, vestido y en su cabal juicio, el mismo que había tenido

Israel en Tiempos de Cristo

la legión; y tuvieron miedo.

16 Los que lo habían visto les describieron cómo le había sucedido esto al endemoniado, y lo de los cerdos.

17 Y comenzaron a rogar a Jesús que se fuera de su región.

18 Al entrar Él en la barca, el que había estado endemoniado Le rogaba que lo dejara ir con Él.

19 Pero Jesús no se lo permitió, sino que le dijo: "Vete a tu casa, a los tuyos, y cuéntales cuán grandes cosas el Señor ha hecho por ti, y cómo tuvo misericordia de ti."

DISCUTE

• Mira el mapa para tener una idea general de la ubicación de estos lugares. La historia nos dice que los gentiles estaban viviendo en esta área. (Un gentil era cualquiera que no era un judío, un descendiente de Abraham, Isaac y Jacob). Este registro confirma que el pueblo estaba criando cerdos, un animal

²⁰ Y él se fue, y empezó a proclamar en Decápolis cuán grandes cosas Jesús había hecho por él; y todos se quedaban maravillados.

considerado inmundo en la cultura judía. Entonces ¿te revela esta historia algo sobre Jesús y los gentiles?

• Contrasta la actitud mostrada por la gente del área hacia Jesús con la del hombre que había estado poseído.

• ¿Qué observaciones obtienes de este evento acerca del pueblo? ¿Cuál era su mayor interés, el cual fue revelado por su respuesta hacia Jesús y la liberación de este hombre?

Marcos 5:21-34

²¹ Cuando Jesús pasó otra vez en la barca al otro lado, se reunió una gran multitud alrededor de Él; así que Él se quedó junto al mar.

²² Y vino uno de los oficiales de la sinagoga, llamado Jairo, y al ver a Jesús, se postró a Sus pies,

OBSERVA

La reputación de Jesús como sanador estaba esparciéndose.

Líder: Lee Marcos 5:21-34 en voz alta. Pide que el grupo realice las siguientes instrucciones:

- *Marque cada referencia a **Jesús** como lo han hecho antes.*
- *Coloque una **J** grande sobre cada referencia a **Jairo**.*
- *Coloque una **M** grande sobre cada referencia a **la mujer**.*

2

DISCUTE

- ¿Quién era este hombre llamado Jairo y qué creía con respecto a Jesús?

- ¿Quién era la mujer? ¿Qué creía sobre Jesús?

[23] y Le rogaba con insistencia: "Mi hijita está al borde de la muerte; Te ruego que vengas y pongas las manos sobre ella para que sane y viva."

[24] Jesús fue con él; y una gran multitud Lo seguía y oprimía.

[25] Había una mujer que padecía de flujo de sangre por doce años.

[26] Había sufrido mucho a manos de muchos médicos, y había gastado todo lo que tenía sin provecho alguno, sino que al contrario, había empeorado.

[27] Cuando ella oyó hablar de Jesús, se llegó a Él por detrás entre

la multitud y tocó Su manto.

²⁸ Porque decía: "Si tan sólo toco Sus ropas, sanaré."

²⁹ Al instante la fuente de su sangre se secó, y sintió en su cuerpo que estaba curada de su aflicción.

³⁰ Enseguida Jesús, dándose cuenta de que había salido poder de Él, volviéndose entre la gente, dijo: "¿Quién ha tocado Mi ropa?"

³¹ Y Sus discípulos Le dijeron: "Ves que la multitud Te oprime, y preguntas: '¿Quién Me ha tocado?'"

³² Pero Él miraba a su alrededor para ver a

• ¿Qué tenían Jairo y la mujer en común?

• ¿Qué te dice el versículo 30 sobre Jesús?

• ¿Qué puso bien a la mujer, de acuerdo con Jesús?

ACLARACIÓN

Hebreos 11:6 dice: "sin *fe* es imposible agradar a Dios. Porque es necesario que el que se acerca a Dios *crea* que Él existe, y que recompensa a los que Lo buscan".

La palabra griega para "creer" es *pisteuo* y la palabra griega para "fe" es *pistis*. De acuerdo con el griego, creer es un verbo y *fe* es un sustantivo. El creer es entonces mucho más que el conocimiento; significa que confías en el conocimiento que tienes y te comportas acorde a tal.

la mujer que Lo había tocado.

³³ Entonces la mujer, temerosa y temblando, dándose cuenta de lo que le había sucedido, vino y se postró delante de Él y Le dijo toda la verdad.

³⁴ "Hija, tu fe te ha sanado," le dijo Jesús; "vete en paz y queda sana de tu aflicción."

Marcos 5:35-43

³⁵ Mientras Él estaba todavía hablando, vinieron unos enviados de la casa del oficial de la sinagoga, diciendo: "Tu hija ha muerto, ¿para qué molestas aún al Maestro?"

³⁶ Pero Jesús, oyendo lo que se hablaba, dijo al oficial de la sinagoga: "No temas, cree solamente."

³⁷ Y no permitió que nadie fuera con Él sino sólo Pedro, Jacobo y Juan, hermano de Jacobo.

³⁸ Fueron a la casa del oficial de la sinagoga, y Jesús vio el alboroto, y a los que lloraban y se lamentaban mucho.

OBSERVA

Vamos a continuar leyendo para aprender la respuesta a la petición de Jairo por la vida de su hija.

Líder: Lee Marcos 5:35-43 en voz alta. Pide al grupo que realice lo siguiente:

* *Marque toda referencia a **Jesús**, incluyendo pronombres y sinónimos como **Maestro**.*
* *Coloque una **J** grande sobre cada referencia a **Jairo**, el oficial de la sinagoga.*
* *Marque cada referencia a la **muerte** o **morir** con una lápida como esta:*

DISCUTE

* ¿Cuál fue la exhortación de Jesús para Jairo en el versículo 36?

* ¿Cómo se compara esto con las palabras de Jesús a la mujer con la hemorragia?

.

- Marcos nos deja saber que la gente se rió. ¿Qué te dice la reacción de ellos sobre lo que pensaban de Jesús y lo que Él dijo? ¿Alguna vez has experimentado una respuesta similar cuando has compartido algo de la Palabra de Dios?

- ¿Quién fue testigo de la resucitación de la hija de Jairo? ¿Quién fue echado fuera? ¿Tienes idea de por qué?

39 Cuando entró les dijo: "¿Por qué hacen alboroto y lloran? La niña no ha muerto, sino que está dormida."

40 Y se burlaban de Él. Pero echando fuera a todos, Jesús tomó consigo al padre y a la madre de la niña, y a los que estaban con Él, y entró donde estaba la niña.

41 Tomando a la niña por la mano, le dijo: "Talita cum," que traducido significa: "Niña, a ti te digo, ¡levántate!"

42 Al instante la niña se levantó y comenzó a caminar, pues tenía doce años. Y al momento todos se quedaron completamente atónitos.

⁴³ Entonces les dio órdenes estrictas de que nadie se enterara de esto; y dijo que le dieran de comer a la niña.

• ¿Cómo trata Jesús a la gente que está en dolor? ¿Cómo describirías Sus prioridades, especialmente en comparación a las de aquellos sostenidas por la sociedad a Su alrededor?

• ¿Qué has aprendido esta semana sobre el toque de Jesús? ¿Quién en este capítulo recibió Su toque y por qué?

• ¿Cómo pueden tus observaciones de este día marcar una diferencia para tu vida?

Este capítulo nuevamente declara y demuestra quién es Jesús verdaderamente, el Hijo del Dios Altísimo. Esta proclamación inicialmente vino de parte de una legión de demonios que poseían a un hombre, quien, una vez liberado por Jesús, se convirtió en un predicador de Jesús y Su misión. Luego, liberado del tormento del control demoníaco de Satanás, el hombre regresó a su aldea gentil con un mensaje lleno de misericordia.

La misericordia es la plataforma donde podemos ver la deidad de Jesús. Una mujer temblorosa y que sangraba fue sanada del aislamiento que había consumido su vida por doce años, simplemente por el toque de Jesús. Una pequeña niña fue resucitada de los muertos cuando Él la tomó de la mano y simplemente le dijo: "Levántate, pequeña niña".

Y esto sucedió porque seres humanos en necesidad buscaron a Jesús y Él tuvo compasión de ellos y los sanó.

¡Oh! ¿Por qué correríamos a otro ser humano en lugar de buscar primero Su ayuda, Su guía? Él es el Hijo del Dios Altísimo, ¡quien da vida eterna!

La pregunta que nosotros debemos considerar es esta: Si Jesús es capaz de hacer este tipo de actos de misericordia, ¿qué puede hacer Él por mí? Si Él es el Hijo del Dios Altísimo, ¿qué diferencia debería hacer eso en mi viaje personal con Jesús?

La gente ama los milagros de Jesús. Ellos claman por Su toque en su tiempo de necesidad— ¿pero acaso quieren oír las palabras, las enseñanzas de Jesús de Nazaret?

Jesús no era alguien especial para el pueblo donde creció, Nazaret, solo el hijo de un carpintero quien vivió en un pueblo común y corriente con Su madre, María y Sus hermanos y hermanas y asistía a la única sinagoga del pueblo.

Marcos 6, nuestro capítulo final de esta porción de nuestro estudio de Marcos, comienza cuando Jesús dejó el Mar de Galilea y regresó a Nazaret, donde Él se encontraría con personas que pensaban que Lo conocían bien.

Al profundizar en el contenido de Marcos 6, necesitamos preguntar: ¿cuál es el propósito de los diversos eventos registrados en este capítulo? ¿Por qué Dios los preservaría en Su Palabra para las generaciones futuras? ¿Cómo podrían ser de valor para nuestras vidas en la actualidad?

Veámoslo por nosotros mismos…

OBSERVA

Líder: Lee Marcos 6:1-6 en voz alta. Pide al grupo que realice lo siguiente:

- *Marque cada referencia a **Jesús** como lo han hecho antes.*
- *Dibuje un libro abierto sobre las referencias a **enseñar**, como este*
- *Coloque una oreja sobre las referencias a **los oyentes** o **los que escuchaban**:*

Marcos 6:1-6

¹ Jesús se marchó de allí y llegó a Su pueblo, y Sus discípulos Lo siguieron.

² Cuando llegó el día de reposo, comenzó a enseñar en la

sinagoga; y muchos que escuchaban se asombraban, diciendo: "¿Dónde obtuvo Éste tales cosas, y cuál es esta sabiduría que Le ha sido dada, y estos milagros que hace con Sus manos?

3 ¿No es Éste el carpintero, el hijo de María, y hermano de Jacobo, José, Judas y Simón? ¿No están Sus hermanas aquí con nosotros?" Y se escandalizaban a causa de Él.

4 Y Jesús les dijo: "No hay profeta sin honra sino en su propia tierra, y entre sus parientes y en su casa."

5 Y no pudo hacer allí ningún milagro; sólo

DISCUTE

• ¿Qué observaciones obtienes sobre Jesús de parte de las palabras de Sus oyentes?

• ¿Qué aprendes al marcar referencias a enseñar? ¿Qué conclusiones puedes extraer con respecto a cómo fue recibida la enseñanza?

• ¿Cómo se describió Jesús a Sí mismo, y qué aprendemos sobre su estadía en Nazaret?

• ¿Qué evitó que Jesús realizara grandes demostraciones de poder en Su pueblo Nazaret donde se crió? ¿Cómo se compara esto con lo que vimos la semana pasada con respecto a Jairo y la mujer con la hemorragia en Marcos 5?

• ¿De qué manera ves que la gente de estos días se molesta con Jesús?

sanó a unos pocos enfermos sobre los cuales puso Sus manos.

[6] Estaba maravillado de la incredulidad de ellos. Y recorría las aldeas de alrededor enseñando.

Marcos 6:7-13

OBSERVA

Líder: Lee Marcos 6:7-13 en voz alta. Pide al grupo que realice lo siguiente:

• *Marque toda referencia a Jesús.*

• *Dibuje una flecha debajo de toda referencia a los Doce.*

• *Marque la palabra oír con una oreja.*

• *Marque las referencias a predicar como marcaron enseñar, con un libro abierto.*

• *Marque la palabra arrepentimiento de esta manera:* _____

• *Coloque un tridente sobre los espíritus inmundos.*

[7] Entonces Jesús llamó a los doce y comenzó a enviarlos de dos en dos, dándoles autoridad sobre los espíritus inmundos;

[8] y les ordenó que no llevaran nada para el camino, sino sólo un bordón; ni pan, ni alforja, ni dinero en el cinto;

[9] sino calzados con sandalias. "No lleven dos túnicas," les dijo.

DISCUTE

• Mira la palabra *comenzó* en el versículo 7. ¿Qué sucedió con los Doce que era distinto a su relación con Jesús hasta este punto?

[10] Y añadió:

"Dondequiera que entren

en una casa, quédense en ella hasta que salgan de la población.

[11] En cualquier lugar que no los reciban ni los escuchen, al salir de allí, sacúdanse el polvo de la planta de los pies en testimonio contra ellos."

[12] Saliendo los doce, predicaban que todos se arrepintieran.

[13] También echaban fuera muchos demonios, y ungían con aceite a muchos enfermos y los sanaban.

• ¿Qué aprendes sobre las instrucciones de Jesús en los versículos 8-11?

• ¿Cuál debía ser su mensaje y qué crees que significa? Compara esto con Marcos 1:4 y 14 en la Primera Semana. Revisa las páginas 5 y 8.

• ¿Qué llevaban los testigos para la validez de su mensaje?

• ¿Cómo se compara su tarea con lo que has observado que Jesús ha hecho hasta ahora en el evangelio de Marcos?

• Mira en donde marcaste la referencias a predicar. ¿Quién está predicando? ¿En dónde? ¿Qué tan importante crees que es predicar y por qué?

OBSERVA

Nuestra última noticia sobre Juan el Bautista fue que estaba bajo custodia. Ahora vamos a aprender lo que sucedió luego.

Líder: Lee Marcos 6:14-29 en voz alta, lentamente. Hay muchos versículos, pero detallan una historia a un ritmo acelerado. Pide al grupo que:

- *Marque toda referencia a **Jesús**.*
- *Dibuje un cuadro sobre toda referencia a **Herodes**, incluyendo pronombres y sinónimos como **el rey**.*
- *Dibuje una línea ondulada debajo de cada mención de **Juan el Bautista** como lo hicieron en Marcos 1.*

DISCUTE

- ¿Quién creía el pueblo, incluyendo a Herodes, que era Jesús? ¿Qué te dice esto sobre sus creencias con respecto a la vida y la muerte?

Marcos 6:14-29

[14] El rey Herodes se enteró de esto, pues el nombre de Jesús se había hecho célebre, y la gente decía: "Juan el Bautista ha resucitado de entre los muertos, por eso es que estos poderes milagrosos actúan en él."

[15] Pero otros decían: "Es Elías." Y decían otros: "Es un profeta, como uno de los profetas antiguos".

[16] Al oír esto, Herodes decía: "Juan, a quien yo decapité, ha resucitado."

[17] Porque Herodes mismo había enviado a prender a Juan y lo había encadenado en la cárcel por causa de Herodías, mujer de su hermano

Felipe, pues Herodes se había casado con ella.

[18] Y Juan le decía a Herodes: "No te es lícito tener la mujer de tu hermano."

[19] Herodías le tenía rencor y deseaba matarlo, pero no podía,

[20] porque Herodes temía a Juan, sabiendo que era un hombre justo y santo, y lo mantenía protegido. Cuando le oía se quedaba muy perplejo, pero le gustaba escucharlo.

[21] Llegó un día oportuno, cuando Herodes, siendo su cumpleaños, ofreció un banquete a sus nobles y comandantes y a los principales de Galilea;

• ¿Qué clase de testigo era Juan para Herodes y cómo se sentía Herodes con respecto a Juan?

• En pocas palabras, ¿por qué mató Herodes a Juan? Solamente leyendo el texto, ¿cómo crees que se sintió Herodes al respecto?

• ¿Qué lecciones puedes aprender de la decapitación de Juan?

[22] y cuando la hija de Herodías entró y danzó, agradó a Herodes y a los que se sentaban a la mesa con él; y el rey dijo a la muchacha: "Pídeme lo que quieras y te lo daré."

[23] Y le juró: "Te daré lo que me pidas, hasta la mitad de mi reino."

[24] Ella salió y dijo a su madre: "¿Qué pediré?" "La cabeza de Juan el Bautista," le respondió ella.

[25] Enseguida ella se presentó apresuradamente ante el rey con su petición, diciendo: "Quiero que me des ahora mismo la cabeza de Juan el Bautista en una bandeja."

²⁶ Aunque el rey se puso muy triste, sin embargo a causa de sus juramentos y de los que se sentaban con él a la mesa, no quiso contradecirla.

²⁷ Al instante el rey envió a un verdugo y le ordenó que trajera la cabeza de Juan. Y él fue y lo decapitó en la cárcel,

²⁸ y trajo su cabeza en una bandeja, y se la dio a la muchacha, y la muchacha se la dio a su madre.

²⁹ Cuando los discípulos de Juan oyeron esto, fueron y se llevaron el cuerpo y le dieron sepultura.

• Marcos es un evangelio corto, pero el autor ofrece muchos detalles sobre la muerte de Juan. Algunos creen que Marcos estaba motivado a escribir debido a la preocupación por la creciente persecución bajo el reinado de Nerón. Si esto es cierto, ¿cómo podría ayudar a los lectores el aprender sobre los eventos detallados en estos versículos? ¿Y cómo podría ayudar a los creyentes viviendo en la cultura actual?

OBSERVA

Estamos por observar otro pasaje extenso que se comprende mejor viéndolo como un todo— ¡así que prepárate!

Líder: Lee Marcos 6:30-44 en voz alta. Pide al grupo que haga lo siguiente:
- *Marque cada referencia a **Jesús**.*
- *Dibuje una flecha debajo de las palabras **apóstoles** y **discípulos**.*
- *Dibuje un libro abierto sobre cada mención de **enseñar** y **enseñó**.*

ACLARACIÓN

Apóstol o *apostello* en el griego, significa "uno enviado por otro con un mensaje". La única vez que la palabra *apóstol* es usada en el evangelio de Marcos es en el versículo 30.

DISCUTE

- Lee el versículo 30. ¿Cómo puedes diferenciar quiénes eran los apóstoles a partir del contenido de Marcos 6?

Marcos 6:30-44

30 Los apóstoles se reunieron con Jesús, y Le informaron sobre todo lo que habían hecho y enseñado.

31 Y Él les dijo: "Vengan, apártense de los demás a un lugar solitario y descansen un poco." Porque había muchos que iban y venían, y ellos no tenían tiempo ni siquiera para comer.

32 Y se fueron en la barca a un lugar solitario, apartado.

33 Pero la gente los vio salir, y muchos los reconocieron y juntos corrieron allá a pie de todas las ciudades, y llegaron antes que ellos.

³⁴ Al desembarcar, Jesús vio una gran multitud, y tuvo compasión de ellos, porque eran como ovejas sin pastor; y comenzó a enseñarles muchas cosas.

³⁵ Y cuando ya era muy tarde, Sus discípulos se acercaron a Él, diciendo: "El lugar está desierto y ya es muy tarde;

³⁶ despídelos para que vayan a los campos y aldeas de alrededor, y se compren algo de comer."

³⁷ "Denles ustedes de comer," les contestó Jesús. Y ellos Le dijeron: "¿Quieres que vayamos y compremos 200 denarios (salario de 200 días) de pan y les demos de comer?"

• ¿Adónde llevó Jesús a los apóstoles y con qué propósito? ¿Y qué pudieron aprender del Maestro?

• ¿Cómo consideró Jesús a la multitud en el versículo 34 y qué hizo al respecto? ¿Obtienes alguna idea del texto sobre cuánto tiempo lo hizo?

• Los pastores deben alimentar a sus rebaños. Entonces ¿qué aprendes de los versículos 34 y 35 sobre Jesús y qué hizo al respecto?

- Has marcado las referencias a la enseñanza (predicar) en los versículos 2, 6, 12, 30 y 34. Revisa cada una de nuevo; ¿qué te dicen estos versículos sobre enseñar? Considera las seis preguntas básicas: qué, quién, cómo, cuándo, dónde y por qué.

- ¿Qué lecciones, si las hubiera, pueden ser aprendidas de estos versículos y aplicadas a nosotros hoy?

- Revisa los hechos de la alimentación de la multitud. ¿Qué pudo provocar este evento? ¿Cuántos fueron alimentados, con qué y cuánto sobró?

38 Jesús les dijo: "¿Cuántos panes tienen ustedes? Vayan y vean." Y cuando se cercioraron le dijeron: "Cinco panes y dos peces."

39 Y les mandó que todos se recostaran por grupos sobre la hierba verde.

40 Y se recostaron por grupos de cien y de cincuenta.

41 Entonces Él tomó los cinco panes y los dos peces, y levantando los ojos al cielo, los bendijo; partió los panes y los iba dando a los discípulos para que se los sirvieran; también repartió los dos peces entre todos.

42 Todos comieron y se saciaron.

⁴³ Recogieron doce cestas llenas de los pedazos, y también de los peces.

• ¿Quién sabría estos hechos en mayor detalle? ¿Entonces quién participó en la alimentación de la multitud?

⁴⁴ Los que comieron los panes eran 5,000 hombres.

• ¿Qué mostraría este evento sobre Jesús a los discípulos?

Marcos 6:45-52

⁴⁵ Enseguida Jesús hizo que Sus discípulos subieran a la barca y fueran delante de Él al otro lado, a Betsaida, mientras Él despedía a la multitud.

⁴⁶ Después de despedirse de ellos, se fue al monte a orar.

OBSERVA

Teniendo la pregunta anterior en mente, vamos a ver lo que ocurrió inmediatamente después de la alimentación de la multitud.

Líder: Lee Marcos 6:45-52 en voz alta. Pide al grupo que haga lo siguiente:
- *Marque cada referencia a **Jesús**.*
- *Dibuje una flecha debajo de cada mención de **los discípulos**.*
- *Subraye con doble línea los **lugares geográficos**.*
- *Encierre todas las referencias de **tiempo**.*

DISCUTE

• Al buscar los lugares que marcaste las referencias a Jesús, ¿qué aprendes sobre Él y Su relación con Su Padre? ¿Con Sus discípulos?

• Jesús dijo a Sus discípulos que tuvieran ánimo y no temieran, porque Él era el que caminaba hacia ellos. ¿Qué acabaron ellos de verle hacer? ¿Y qué Le vieron hacer anteriormente en otra tormenta?

• ¿Qué aprendes de los versículos 51 y 52 sobre los discípulos, los Doce? ¿Por qué estaban atónitos? ¿Qué te dice esto sobre ellos?

• ¿Cómo podrías aplicar a tu vida las palabras de Jesús a los Doce en el versículo 50?

[47] Al anochecer, la barca estaba en medio del mar, y Él estaba solo en tierra.

[48] Y al verlos remar fatigados, porque el viento les era contrario, como a la cuarta vigilia de la noche, fue hacia ellos andando sobre el mar, y quería pasarlos de largo.

[49] Pero cuando ellos Lo vieron andando sobre el mar, pensaron que era un fantasma y se pusieron a gritar;

[50] porque todos Lo vieron y se turbaron. Pero enseguida Él habló con ellos y les dijo: "¡Tengan ánimo; soy Yo, no teman!"

⁵¹ Subió con ellos a la barca, y el viento se calmó; y ellos estaban asombrados en gran manera,

⁵² porque no habían entendido lo de los panes, sino que su mente estaba embotada.

• ¿Qué observaciones has obtenido sobre Jesús en estas últimas seis semanas? Si tú eres un verdadero seguidor de Cristo, ¿cómo puede este nuevo conocimiento darte el coraje para enfrentar las pruebas?

Marcos 6:53-56

⁵³ Terminada la travesía, llegaron a tierra en Genesaret, y atracaron en la orilla.

⁵⁴ Cuando salieron de la barca, la gente enseguida reconoció a Jesús,

OBSERVA

Bien hecho. Hemos llegado a los versículos finales de Marcos 6. Estás cerca de recibir elogios por tu fidelidad al estudiar.

Líder: Lee Marcos 6:53-56 en voz alta. Una vez más pide al grupo que…
• *Subraye con doble línea cualquier referencia a **lugares geográficos**.*
• *Marque toda referencia a **Jesús**.*

DISCUTE

• ¿Adónde fue Jesús y qué sucedió en aquellos lugares?

• Hemos aprendido tanto en estas últimas seis semanas sobre acercarse a tocar a Jesús—no solamente sobre aquellos que Lo tocaron, sino sobre por qué ellos querían tocarlo. ¿Cuál es la verdad más importante que has aprendido sobre Jesús? ¿Qué área de tu vida es la que más necesita el toque de Jesús?

⁵⁵ y recorrieron apresuradamente toda aquella región, y comenzaron a traer a los enfermos en sus camillas adonde oían decir que Él estaba.

⁵⁶ Dondequiera que Él entraba en aldeas, ciudades o campos, ponían a los enfermos en las plazas, y Le rogaban que les permitiera tocar siquiera el borde de Su manto; y todos los que lo tocaban quedaban curados.

FINALIZANDO

¿Estás luchando contra los vientos de la dificultad, adversidad, o tentación? ¿Estás agobiado por la batalla? ¿Te sientes en peligro de ser echado por la borda por la tormenta, volcándose la barca sin jamás poder regresar a la orilla de la paz y la seguridad?

No endurezcas tu corazón, fiel estudiante, por quien Cristo murió. No intentes ir por tu cuenta. Busca a Jesús. Él está ahí caminando hacia ti sobre las aguas turbulentas. Toma aliento. Recuerda todo lo que has aprendido sobre Él solamente en estos seis capítulos de Marcos. Él es el mismo ayer, hoy y siempre. Si Jesús es el Hijo del Dios Altísimo—y lo es, como incluso los demonios saben—nada ni nadie se encuentra fuera de Su control, autoridad o habilidad. Llámalo, pídele que suba a la barca contigo.

Él lo hará porque Él tiene cuidado de ti—como lo verás por ti mismo a lo largo de los dos próximos Estudio Bíblicos de 40 Minutos del evangelio de Marcos: *Jesús: Escuchando Su Voz* y *Jesús: Entendiendo Su Muerte y Resurrección*. Hay mucho más para que aprendas sobre Jesús, verdades que necesitas ver por ti mismo sobre la vida, ministerio y enseñanza de Aquel que vino para dar Su vida por ti.

Seguramente no vas a confiar en un Jesús que no conoces. ¡El conocimiento superficial produce una relación superficial! Convierte en una prioridad el terminar de estudiar el evangelio de Marcos, para que Jesús pueda convertirse en tu primer recurso cuando soplen los vientos de adversidad.

Esta singular serie de estudios bíblicos del equipo de enseñanza de Ministerios Precepto Internacional, aborda temas con los que luchan las mentes investigadoras y lo hace en breves lecciones muy fáciles de entender e ideales para reuniones de grupos pequeños. Estos cursos de estudio bíblico, de la serie 40 minutos, pueden realizarse siguiendo cualquier orden. Sin embargo, a continuación te mostramos una posible secuencia a seguir:

¿Cómo Sabes que Dios es Tu Padre?

Muchos dicen: "Soy cristiano"; pero, ¿cómo pueden saber si Dios realmente es su Padre—y si el cielo será su futuro hogar? La epístola de 1 Juan fue escrita con este propósito—que tú puedas saber si realmente tienes la vida eterna. Éste es un esclarecedor estudio que te sacará de la oscuridad y abrirá tu entendimiento hacia esta importante verdad bíblica.

Ser un Discípulo: Considerando Su Verdadero Costo

Jesús llamó a Sus seguidores a ser discípulos. Pero el discipulado viene con un costo y un compromiso incluido. Este estudio da una mirada inductiva a cómo la Biblia describe al discípulo, establece las características de un seguidor de Cristo e invita a los estudiantes a aceptar Su desafío, para luego disfrutar de las eternas bendiciones del discipulado.

¿Vives lo que Dices?

Este estudio inductivo de Efesios 4 y 5, está diseñado para ayudar a los estudiantes a que vean por sí mismos, lo que Dios dice respecto al estilo de vida de un verdadero creyente en Cristo. Este estudio los capacitará para vivir de una manera digna de su llamamiento; con la meta final de desarrollar un andar diario con Dios, caracterizado por la madurez, la semejanza a Cristo y la paz.

Viviendo Una Vida de Verdadera Adoración

La adoración es uno de los temas del cristianismo peor entendidos; este estudio explora lo que la Biblia dice acerca de la adoración: ¿qué es? ¿Cuándo sucede? ¿Dónde ocurre? ¿Se basa en las emociones? ¿Se limita solamente a los domingos en la iglesia? ¿Impacta la forma en que sirves al SEÑOR? Para éstas y más preguntas, este estudio nos ofrece respuestas bíblicas novedosas.

Edificando un Matrimonio que en Verdad Funcione

Dios diseñó el matrimonio para que fuera una relación satisfactoria y realizadora; creando a hombres y mujeres para que ellos—juntos y como una sola carne—pudieran reflejar Su amor por el mundo. El matrimonio, cuando es vivido como Dios lo planeó, nos completa, nos trae gozo y da a nuestras vidas un fresco significado. En este estudio, los lectores examinarán el diseño de Dios para el matrimonio y aprenderán cómo establecer y mantener el tipo de matrimonio que trae gozo duradero.

Cómo Tomar Decisiones Que No Lamentarás

Cada día nos enfrentamos a innumerables decisiones y algunas de ellas pueden cambiar el curso de nuestras vidas para siempre. Entonces, ¿a dónde acudes en busca de dirección? ¿Qué debemos hacer cuando nos enfrentamos a una tentación? Este breve estudio te brindará una práctica y valiosa guía, al explorar el papel que tiene la Escritura y el Espíritu Santo en nuestra toma de decisiones.

Dinero y Posesiones: La Búsqueda del Contentamiento

Nuestra actitud hacia el dinero y las posesiones reflejará la calidad de nuestra relación con Dios. Y, de acuerdo con las Escrituras, nuestra visión del dinero nos muestra dónde está descansando nuestro verdadero amor. En este estudio, los lectores escudriñarán las Escrituras para aprender de dónde proviene el dinero, cómo se supone que debemos manejarlo y cómo vivir una vida abundante, sin importar su actual situación financiera.

Cómo puede un Hombre Controlar Sus Pensamientos, Deseos y Pasiones

Este estudio capacita a los hombres con la poderosa verdad de que Dios ha provisto todo lo necesario para resistir la tentación y lo hace, a través de ejemplos de hombres en las Escrituras, algunos de los cuales cayeron en pecado y otros que se mantuvieron firmes. Aprende cómo escoger el camino de pureza, para tener la plena confianza de que, a través del poder del Espíritu Santo y la Palabra de Dios, podrás estar algún día puro e irreprensible delante de Dios.

Viviendo Victoriosamente en Tiempos de Dificultad

Vivimos en un mundo decadente, poblado por gente sin rumbo y no podemos escaparnos de la adversidad y el dolor. Sin embargo, y por alguna razón, los difíciles tiempos que se viven actualmente son parte del plan de Dios y sirven para Sus propósitos. Este valioso estudio ayuda a los lectores a descubrir cómo glorificar a Dios en medio del dolor; al tiempo que aprenden cómo encontrar gozo aún cuando la vida parezca injusta y a conocer la paz que viene al confiar en el Único que puede brindar la fuerza necesaria en medio de nuestra debilidad.

El Perdón: Rompiendo el Poder del Pasado

El perdón puede ser un concepto abrumador, sobre todo para quienes llevan consigo profundas heridas provocadas por difíciles situaciones de su pasado. En este estudio innovador, obtendrás esclarecedores conceptos del perdón de Dios para contigo, aprenderás cómo responder a aquellos que te han tratado injustamente y descubrirás cómo la decisión de perdonar rompe las cadenas del doloroso pasado y te impulsa hacia un gozoso futuro.

Elementos Básicos de la Oración Efectiva

Esta perspectiva general de la oración te guiará a una vida de oración con más fervor, a medida que aprendes lo que Dios espera de tus oraciones y qué puedes esperar de Él. Un detallado examen del Padre Nuestro y de algunos importantes principios obtenidos de ejemplos de oraciones a través de la Biblia, te desafiarán a un mayor entendimiento de la voluntad de Dios, Sus caminos y Su amor por ti mientras experimentas lo que significa verdaderamente el acercarse a Dios en oración.

Cómo Liberarse de los Temores

La vida está llena de todo tipo de temores que pueden asaltar tu mente, perturbar tu alma y traer estrés incalculable. Pero no tienes que permanecer cautivo a tus temores. En este estudio de seis semanas aprenderás cómo confrontar tus circunstancias con fortaleza y coraje mientras vives en el temor del Señor – el temor que conquista todo temor y te libera para vivir en fe.

Cómo se Hace un Líder al Estilo de Dios

¿Qué espera Dios de quienes Él coloca en lugares de autoridad? ¿Qué características marcan al verdadero líder efectivo? ¿Cómo puedes ser el líder que Dios te ha llamado a ser? Encontrarás las respuestas a éstas y otras preguntas, en este poderoso estudio de cuatro importantes líderes de Israel—Elí, Samuel, Saúl y David— cuyas vidas señalan principios que necesitamos conocer como líderes en nuestros hogares, en nuestras comunidades, en nuestras iglesias y finalmente en nuestro mundo.

¿Qué Dice la Biblia Acerca del Sexo?

Nuestra cultura está saturada de sexo, pero muy pocos tienen una idea clara de lo que Dios dice acerca de este tema. En contraste a la creencia popular, Dios no se opone al sexo; únicamente, a su mal uso. Al aprender acerca de las barreras o límites que Él ha diseñado para proteger este regalo, te capacitarás para enfrentar las mentiras del mundo y aprender que Dios quiere lo mejor para ti.

Principios Clave para el Ayuno Bíblico

La disciplina espiritual del ayuno se remonta a la antigüedad. Sin embargo, el propósito y naturaleza de esta práctica a menudo es malentendida. Este vigorizante estudio explica por qué el ayuno es importante en la vida del creyente promedio, resalta principios bíblicos para el ayuno efectivo y muestra cómo esta poderosa disciplina lleva a una conexión más profunda con Dios.

Entendiendo los Dones Espirituales

¿Qué son Dones Espirituales?
El tema de los dones espirituales podría parecer complicado: ¿Quién

tiene dones espirituales – "las personas espirituales" o todo el mundo? ¿Qué son dones espirituales?

Entender los Dones Espirituales te lleva directamente a la Palabra de Dios, para descubrir las respuestas del Mismo que otorga el don. A medida que profundizas en los pasajes bíblicos acerca del diseño de Dios para cada uno de nosotros, descubrirás que los dones espirituales no son complicados – pero sí cambian vidas.

Descubrirás lo que son los dones espirituales, de dónde vienen, quiénes los tienen, cómo se reciben y cómo obran dentro de la iglesia. A medida que estudias, tendrás una nueva visión de cómo puedes usar los dones dados por Dios para traer esperanza a tu hogar, tu iglesia y a un mundo herido.

Viviendo Como que le Perteneces a Dios

¿Pueden otros ver que le perteneces a Dios?
Dios nos llama a una vida de gozo, obediencia y confianza. Él nos llama a ser diferentes de quienes nos rodean. Él nos llama a ser santos.

En este enriquecedor estudio, descubrirás que la santidad no es un estándar arbitrario dentro de la iglesia actual o un objetivo inalcanzable de perfección intachable. La santidad se trata de agradar a Dios – vivir de tal manera que sea claro que le perteneces a Él. La santidad es lo que te hace único como un creyente de Jesucristo.

Ven a explorar la belleza de vivir en santidad y ver por qué la verdadera santidad y verdadera felicidad siempre van de la mano.

Amando a Dios y a los demás

¿Qué quiere realmente Dios de ti?
Es fácil confundirse acerca de cómo agradar a Dios. Un maestro de Biblia te da una larga lista de mandatos que debes guardar. El siguiente te dice que solo la gracia importa. ¿Quién está en lo correcto?

Hace siglos, en respuesta a esta pregunta, Jesús simplificó todas las reglas y regulaciones de la Ley en dos grandes mandamientos: amar a Dios y a tu prójimo.

Amar a Dios y a los demás estudia cómo estos dos mandamientos definen el corazón de la fe Cristiana. Mientras descansas en el conocimiento de lo que Dios te ha llamado a hacer, serás desafiado a vivir estos mandamientos – y descubrir cómo obedecer los simples mandatos de Jesús que transformarán no solo tu vida sino también las vidas de los que te rodean.

Distracciones Fatales: Conquistando Tentaciones Destructivas

¿Está el pecado amenazando tu progreso espiritual?

Cualquier tipo de pecado puede minar la efectividad del creyente, pero ciertos pecados pueden enraizarse tanto en sus vidas - incluso sin darse cuenta - que se vuelven fatales para nuestro crecimiento espiritual. Este estudio trata con seis de los pecados "mortales" que amenazan el progreso espiritual: Orgullo, Ira, Celos, Glotonería, Pereza y Avaricia. Aprenderás cómo identificar las formas sutiles en las que estas distracciones fatales pueden invadir tu vida y estarás equipado para conquistar estas tentaciones destructivas para que puedas madurar en tu caminar con Cristo.

La Fortaleza de Conocer a Dios

Puede que sepas acerca de Dios, pero ¿realmente sabes lo que Él dice acerca de Sí mismo – y lo que Él quiere de ti?

Este estudio esclarecedor te ayudará a ganar un verdadero entendimiento del carácter de Dios y Sus caminos. Mientras descubres por ti mismo quién es Él, serás llevado hacia una relación más profunda y personal con el Dios del universo – una relación que te permitirá mostrar confiadamente Su fuerza en las circunstancias más difíciles de la vida.

Guerra Espiritual: Venciendo al Enemigo

¿Estás preparado para la batalla?

Ya sea que te des cuenta o no, vives en medio de una lucha espiritual. Tu enemigo, el diablo, es peligroso, destructivo y está determinado a alejarte de servir de manera efectiva a Dios. Para poder defenderte a ti mismo de sus ataques, necesitas conocer cómo opera el enemigo. A través de este estudio de seis semanas, obtendrás un completo conocimiento de las tácticas e insidias del enemigo. Mientras descubres la verdad acerca de Satanás – incluyendo los límites de su poder – estarás equipado a permanecer firme contra sus ataques y a desarrollar una estrategia para vivir diariamente en victoria.

Volviendo Tu Corazón Hacia Dios

Descubre lo que realmente significa ser bendecido.

En el Sermón del Monte, Jesús identificó actitudes que traen el favor de Dios: llorar sobre el pecado, demostrar mansedumbre, mostrar misericordia, cultivar la paz y más. Algunas de estas frases se han vuelto tan familiares que hemos perdido el sentido de su significado. En este poderoso estudio, obtendrás un fresco entendimiento de lo que significa alinear tu vida con las prioridades de Dios. Redescubrirás por qué la palabra bendecido significa caminar en la plenitud y satisfacción de Dios, sin importar tus circunstancias. A medida que miras de cerca el significado detrás de cada una de las Bienaventuranzas, verás cómo estas verdades dan forma a tus decisiones cada día – y te acercan más al corazón de Dios.

El Cielo, El Infierno y la Vida Después de la Muerte

Descubre lo que Dios dice acerca de la muerte, el morir y la vida después de la muerte.

Muchas personas están intrigadas por lo que les espera detrás de la puerta, pero vivimos en una era bombardeada de puntos de vista en conflicto. ¿Cómo podemos estar seguros de lo que es verdad?

En este estudio esclarecedor, examinarás las respuestas de la Biblia acerca de la muerte y lo que viene después. A medida que confrontas la inevitabilidad de la muerte en el contexto de la promesa del cielo y la realidad del infierno, serás desafiado a examinar tu corazón — y al hacerlo, descubrir que al aferrarte a la promesa de la vida eterna, el aguijón de la muerte es reemplazado con paz.

Descubriendo lo Que Nos Espera en el Futuro

Con todo lo que está ocurriendo en el mundo, las personas no pueden evitar cuestionarse respecto a lo que nos espera en el futuro. ¿Habrá paz alguna vez en la tierra? ¿Cuánto tiempo vivirá el mundo bajo la amenaza del terrorismo? ¿Hay un horizonte con un solo gobernante mundial? Esta fácil guía de estudio conduce a los lectores a través del importante libro de Daniel; libro en el que se establece el plan de Dios para el futuro.

Esperanza Después del Divorcio

Con el divorcio surgen muchas preguntas, dolor y frustración. ¿Qué voy a hacer? ¿Cómo sobreviviré? ¿Qué hay de los niños? ¿Qué pensará la gente de mí? ¿Qué piensa Dios de mí?
¿Cómo puedes superar esto? ¿Vivir con ello?
A través de este estudio de seis semanas descubrirás verdades bíblicas sólidas que te ayudarán a ti o a un ser querido a recuperarse del dolor, debido al fin de un matrimonio. Aquí encontrarás consejos prácticos y motivadores, así como también la certeza del amor y poder redentor de Dios, trabajando en incluso las situaciones más difíciles mientras sales adelante con una perspectiva piadosa de tu nueva realidad.

Cómo Tener una Relación Genuina con Dios

A quienes tengan el deseo de conocer a Dios y relacionarse con Él de forma significativa, Ministerios Precepto abre la Biblia para mostrarles el camino a la salvación. Por medio de un profundo análisis de ciertos pasajes bíblicos cruciales, este esclarecedor estudio se enfoca en dónde nos encontramos con respecto a Dios, cómo es que el pecado evita que lo conozcamos y cómo Cristo puso un puente sobre aquel abismo que existe entre los hombres y su SEÑOR.

ACERCA DE MINISTERIOS PRECEPTO INTERNACIONAL

Ministerios Precepto Internacional fue levantado por Dios con el solo propósito de establecer a las personas en la Palabra de Dios para producir reverencia a Él. Sirve como un brazo de la iglesia sin ser parte de una denominación. Dios ha permitido a Precepto alcanzar más allá de las líneas denominacionales sin comprometer las verdades de Su Palabra inerrante. Nosotros creemos que cada palabra de la Biblia fue inspirada y dada al hombre como todo lo que necesita para alcanzar la madurez y estar completamente equipado para toda buena obra de la vida. Este ministerio no busca imponer sus doctrinas en los demás, sino dirigir a las personas al Maestro mismo, Quien guía y lidera mediante Su Espíritu a la verdad a través de un estudio sistemático de Su Palabra. El ministerio produce una variedad de estudios bíblicos e imparte conferencias y Talleres Intensivos de entrenamiento diseñados para establecer a los asistentes en la Palabra a través del Estudio Bíblico Inductivo.

Jack Arthur y su esposa, Kay, fundaron Ministerios Precepto en 1970. Kay y el equipo de escritores del ministerio producen estudios **Precepto sobre Precepto,** Estudios **In & Out**, estudios de la **serie Señor**, estudios de la **Nueva serie de Estudio Inductivo**, estudios **40 Minutos** y **Estudio Inductivo de la Biblia Descubre por ti mismo para niños.** A partir de años de estudio diligente y experiencia enseñando, Kay y el equipo han desarrollado estos cursos inductivos únicos que son utilizados en cerca de 185 países en 70 idiomas.

MOVILIZANDO
Estamos movilizando un grupo de creyentes que "manejan bien la Palabra de Dios" y quieren utilizar sus dones espirituales y talentos para alcanzar 10 millones más de personas con el estudio bíblico inductivo.
Si compartes nuestra pasión por establecer a las personas en la Palabra de Dios, te invitamos a leer más. Visita **www.precept.org/Mobilize** para más información detallada.

RESPONDIENDO AL LLAMADO
Ahora que has estudiado y considerado en oración las escrituras, ¿hay algo nuevo que debas creer o hacer, o te movió a hacer algún cambio en

tu vida? Es una de las muchas cosas maravillosas y sobrenaturales que resultan de estar en Su Palabra – Dios nos habla. En Ministerios Precepto Internacional, creemos que hemos escuchado a Dios hablar acerca de nuestro rol en la Gran Comisión. Él nos ha dicho en Su Palabra que hagamos discípulos enseñando a las personas cómo estudiar Su Palabra. Planeamos alcanzar 10 millones más de personas con el Estudio Bíblico Inductivo.

Si compartes nuestra pasión por establecer a las personas en la Palabra de Dios, ¡te invitamos a que te unas a nosotros! ¿Considerarías en oración aportar mensualmente al ministerio? Si ofrendas en línea en **www.precept. org/ATC**, ahorramos gastos administrativos para que tus dólares alcancen a más gente. Si aportas mensualmente como una ofrenda mensual, menos dólares van a gastos administrativos y más van al ministerio.
Por favor ora acerca de cómo el Señor te podría guiar a responder el llamado.

COMPRA CON PROPÓSITO
Cuando compras libros, estudios, audio y video, por favor cómpralos de Ministerios Precepto a través de nuestra tienda en línea (**http://store.precept.org/**) o en la oficina de Precepto en tu país. Sabemos que podrías encontrar algunos de estos materiales a menor precio en tiendas con fines de lucro, pero cuando compras a través de nosotros, las ganancias apoyan el trabajo que hacemos:

• Desarrollar más estudios bíblicos inductivos
• Traducir más estudios en otros idiomas
• Apoyar los esfuerzos en 185 países
• Alcanzar millones diariamente a través de la radio y televisión
• Entrenar pastores y líderes de estudios bíblicos alrededor del mundo
• Desarrollar estudios inductivos para niños para comenzar su viaje con Dios
• Equipar a las personas de todas las edades con las habilidades del estudio bíblico que transforma vidas.

Cuando compras en Precepto, ¡ayudas a establecer a las personas en la Palabra de Dios!

CPSIA information can be obtained
at www.ICGtesting.com
Printed in the USA
LVHW011938250723
753348LV00001B/132

9 781621 195825